剱岳《Tsurugidake》―線の記

平安時代の初登頂ミステリーに挑む

髙橋大輔

朝日新聞出版

富山市
上市町
剱岳
立山町
大日岳
立山(雄山)

目次

装幀　佐々木由美（デザインフォリオ）
カバー写真　松永卓也（朝日新聞出版）
図版制作　鈴木真樹

劔岳　線の記　平安時代の初登頂ミステリーに挑む

プロローグ　点から線へ

あの事件を今も鮮烈に覚えている。

一九八八年三月、ヒマラヤで起きた山賊事件だ。当時、大学生でバックパッカーだったわたしは、山登りの経験などないくせに、ただ憧れだけでヒマラヤにやって来た。ネパール中部の町ポカラに到着するや、標高四一三〇メートルのアンナプルナベースキャンプに向けて単独トレッキングに出たのだ。

そこは標高八〇九一メートルのアンナプルナに挑む登山者にとってはスタート地点にすぎない。だが標高六〇〇〇～八〇〇〇メートル級の峰々にぐるりと囲まれた内院《ないいん》であるため、旅人の間では神秘的な絶景に出会えるパワースポットとして知られる。

入山初日。登山口のダンプスから数時間のところにある山村ポタナ付近で、日本人トレッカーが山賊に襲われた。被害者は身ぐるみ剝《は》がされただけでなく、山刀《やまがたな》でめった斬りにされ瀕死の状態に追い込まれた。現場近くを通りかかったわたしは他の旅行者らと被害者救命に奔走することになったのだ。モールス信号機で日本大使館と連絡を取り、一晩中交代で看病した。そして翌朝、被害者を救命ヘリコプターで町の病院へと移送した。

ヘリが去ると他の旅行者たちは三々五々村を離れていった。現地に残ったわたしは今後どうすべきか迷った。

「下山するか、登山を続けるか」

思い悩んでいたとき、現場で共に救助活動に当たった日本人の旅行者と目が合った。国内の主要な山を登った経験があり、「山屋《やまや》」を自称する彼は先へ進むと言った。

「一緒に行けば、だいじょうぶな気がする」

わたしはそう口にして、彼と一緒にトレッキングを再開した。

ところが前途にさらなる困難が待ち構えていた。出発から四日目、標高約三〇〇〇メートルのヒンコケーブにたどり着くや、近くで雪崩《なだれ》が発生した。翌日、無事に迂回路を通ったものの、今度は天候が急変してしまう。われわれは濃い霧のホワイトアウトに阻まれ、下山する羽目になった。憧れていたアンナプルナ内院の神秘をこの目で見ることはできなかった。

山賊、雪崩、悪天候とホワイトアウト。思えば散々なことばかりだが、困難に直面してもわたしはなぜか強力な磁石に引き寄せられる砂鉄《さてつ》のように山を登り続けた。

なぜわたしはそこまで山登りにこだわったのか。わたしにとって山とはどんな存在か。確かに美しい風景に対する憧れはあった。だが、登り始めるとそれ以外の衝動が自分を突き動かしているようでもあった。具体的にそれが何か、考えても言葉では表せない。同行者である山屋の男はどう感じているのか。わたしが投げかけた質問に彼はこう答えた。

「ヒマラヤの山の神様には会えたような気がするんだよね」

山に登るのは、山の神に会いに行くこと——。

彼の回答は不思議と腹に落ちた。今回のようにひどい目に遭っても、神様のお膝元までやって来られたと考えるなら、悪い巡り合わせだって帳消しにされるような気がする。

わたしがそんな感想を述べると、彼は思い出したように言った。

「剱岳《つるぎだけ》の山頂に仏具を残した大昔の人の気持ちがよくわかるんだよ。山に登るって、理屈じゃないよ、ってね。それは山好きなら誰でも知っている話なんだけど——」

わたしが驚くべき剱岳の話を知ったのはそのときが最初だった。

一九〇七（明治四〇）年、当時、未踏峰《みとうほう》とされた北アルプスの剱岳（標高二九九九メートル）に命がけで挑んだ男たちがいた。日本陸軍参謀本部陸地測量部の柴崎芳太郎《しばさきよしたろう》（一八七六－一九三八）が率いる測量隊だ。

剱岳は富士山を始めとする日本百名山のひとつに選ばれ、現在でも登山者に人気がある。だが垂直に切り立った岩場を登らなければならないため、百名山の中では最も難しい山とされる。

柴崎隊はその初登頂に挑み、長次郎谷《ちょうじろうだん》と呼ばれる雪渓《せっけい》を詰めて見事成功した。ところが彼らは山頂で古代（奈良～平安期頃）の仏具を発見した。柴崎隊よりはるか昔、剱岳の山頂にたどり着いた人がいたのだ！

この衝撃的な事実は小説『劒岳・点の記』(新田次郎 文藝春秋 一九七七年)に描かれた。物語は日本陸軍と創立直後の日本山岳会(一九〇五年創立)による劒岳初登頂争いという形で進行する。山頂で仏具を見つけた偵察隊員の生田とベースキャンプで待機していた柴崎の会話が次のように再現される。

「われわれは劒岳の絶頂に立ちました。しかし、絶頂には、われわれより先に登った人がいました」

生田が云った。

「誰だ。山岳会か?」

「いいえ、弘法大師です」

「なんだと……」

柴崎は、冗談もほどほどにしろという目で生田を睨《ね》めつけた。

劒岳は古来、弘法大師がわらじ三千足(六千足とも)を費やしても登れなかった地獄の針の山とみなされていた。弘法大師が劒岳に登ったはずはない。

小説を読み進むうち疑問が膨らみ始める。古代の劒岳に登った者とは誰だったのか。いつ、どこからどのようにして登ったのか。

柴崎隊はあらゆる登攀《とうはん》可能なルートを探し回り、最終的に剱岳東部の長次郎谷雪渓に金《かな》かんじきをつけて登るという方法で登頂を成し遂げた。

だが奈良・平安時代に金かんじきはなかった。雪渓を登るのは無理だろう。もちろん岩と雪の殿堂と形容される剱岳にはロッククライミングの道具がないと登れない箇所が無数にある。古代の登頂者はそれらの道具を持たない空身《からみ》だった。

そんな者が通れる道はあるのか。今となっては失われてしまった古道かもしれない。

剱岳登山の難しさを知れば知るほど、山伏《やまぶし》が山頂を目指した動機も気になってくる。

『剱岳・点の記』を読了してもそれらの謎は残る。剱岳のファーストクライマー、つまり初登頂者をめぐる5W1Hだ。「いつ」「誰が」「どのルートで」「どこに」「なぜ」「どのように」剱岳に登ったのかという疑問だ。それらに向き合うにつれ、わたしは『剱岳・点の記』に潜む意外な事実を知った。

「小島烏水《こじまうすい》のこと――山岳会創立と剱岳の登場」近藤信行（『もうひとつの剱岳点の記』所収　山と溪谷社　二〇〇九年）に次のような指摘がある。

剱岳をめぐって、陸地測量部と山岳会が登攀あらそいをしたなどという話はない。むしろその事業［測量と地形図作成］の完成をねがっていたのである。（［　］筆者注　以下同）

もともと劔岳の初登頂レースなどなかった！

いや、それぱかりではない。小説のタイトルにもなっている「点の記」にも驚くべき事実が隠されていた。

点の記とは明治時代に始められた三角測量の記録で、設置された三角点の名前や所在地、測量年月日などを記したものだ。三角点は日本全土を網羅する三角形の一辺の距離の違いなどにより一等から四等までに分けられる。緯度、経度、標高が正確に計測されており、地図作成などに利用される。

富国強兵を進める明治期の日本陸軍に所属していた柴崎芳太郎にとって、山は防衛上とても重要な場所だった。日本では古代から戦国時代にかけて各地に山城《やまじろ》が築かれた。山は軍事拠点であり、外敵の侵入を拒む要衝《ようしょう》だ。日本地形図を完成させる使命を負った陸地測量部の悲願は未だ三角点のない劔岳山頂に立ち、標高や位置を正確に把握することだった。

その中心人物として白羽の矢が立った柴崎は当初、劔岳山頂に三等三角点の設置を想定していた。だが設営資材を運び込めないと判断し、より簡易な資材で行う四等三角点を設けた。四等三角点の場合、重要性が低いためか点の記は作成されない。

つまり三等から四等に格下げとなった劔岳に点の記は存在しない。新田次郎《にったじろう》は幻と消えた劔岳の点の記を物語によって蘇らせたのだ。

『劔岳・点の記』の中で山岳会に勝った日本陸軍は古代の登頂者には勝てなかった。正体不明の古代登頂者が奥行きと神秘性を加え、過酷な剱岳に挑む人間の生き方が印象的に写し出される。文学的にも絶妙の余韻が生まれ、剱岳讃歌の名作が誕生した。小説の中で古代の登頂者はいわばトリックスターなのだ。

だが初登頂レースがなかったとするなら、古代の登頂者が柴崎隊に勝ったという認識も現実にそぐわない。

「剱岳をめぐる謎や疑問を追う」五十嶋一晃（『山岳　第百三年』所収　日本山岳会　二〇〇八年）によれば、江戸時代に快天《かいてん》という行者や加賀藩士が剱岳に登り、剱岳の尊厳を侵したとして拷問を受けたり処刑されたりした。

今となっては詳しく確かめようもないが、柴崎隊以前に禁足地とされた剱岳に登った者は絶無ではなかった。いや、記録に残る登頂者は氷山のほんの一角だろう。

そうなると彼らに先んじて誰よりも早く剱岳に登ったファーストクライマーが気になる。近代アルピニズムの初登頂レースなどまだなかった時代、古代人はなにゆえ山頂を目指したのか。やはり山の神に会いに行ったのかもしれない。そこに人間と山との原初的な関係が潜む。

日本人はなぜ山に登るのか――。

わたしはファーストクライマーの５Ｗ１Ｈという六つの点と点を繋ぎ合わせ、剱岳に消えた一本の線を探す旅に出た。そこには新田次郎が描かなかったもうひとつの物語があるはずだ。

剱岳山頂に刻まれた点、その三角点をめぐる物語『劒岳・点の記』からスピンオフする、失われた剱岳の線を求める探検が始まる。

第一章　剱岳のファーストクライマーを追う

「カニのたてばい」「カニのよこばい」

そんな奇妙な地名を見つけたのは、富山県にある剱岳の登山地図だ。いずれも山頂付近の岩場につけられた名称で、登山者がカニのように這《は》って進まねばならない場所だ。どことなく滑稽さを伴い笑いを誘うが、実際には笑ってなどいられないらしい。這うように進まなければならないのは切り立った絶壁だからだ。ひとつ間違えば奈落《ならく》の底に転落してしまう。危険極まりない山の難所だ。

地図によれば剱岳に登るルートはいくつかある。そのうち最もポピュラーなのは、夏山シーズンに登山客で混雑する別山尾根《べっさんおね》コースだ。だがどのガイドブックや山岳書を見ても、ほぼ例外なく「上級者向け」と書かれ、「技術度」「体力度」ともに最高ランクに位置づけられている。カニのたてばいとよこばいもそのコース上にある。剱岳がいかに難しい山かがわかる。

探検家であるわたしは、世間から登山経験が多いと思われがちだが、登山家のように「そこに山があるから」という理由で登ることはない。探検家は登山のための登山、冒険のための冒険はしない。探して検証すべき対象に向かうのが探検だ。日本百名山のひとつに数えられる名峰剱岳というだけでは自分が登る理由にならない。いや、むしろ肝を冷やすような難所にわざわざ近づく必要などないではないか。

わたしがそんな剱岳に自ら登ろうと考え、地図を開いたのには理由があった。

剱岳には日本山岳史上最大の謎がある。現代でも登山が難しい剱岳に登った古代人がいた。それが誰で、なぜ登ったのかなど、今なお未解明のままだという。誰も解き明かしていない謎が残されているという点に興味をそそられた。

剱岳に登った者は山頂に錫杖頭《しゃくじょうとう》と鉄剣《てっけん》を残していった。錫杖頭は初期仏教の時代から使われてきた杖の頭部につける金属製の仏具だ。振ると円環《えんかん》が触れ合って音が出る。山中では主に山伏と呼ばれる修行僧が携行し、祈禱ばかりか熊や毒蛇の害を防ぐ護身具としても使われた。

剱岳山頂に錫杖頭を置いたのも山伏と考えられる。

山伏といえば滝に打たれたり、断崖から逆さ吊りになったり、危険な荒行《あらぎょう》をあえて行う修行者である。その姿を見かける機会がほとんどない現在、具体的にイメージすることは難しい。だが、歌舞伎「勧進帳《かんじんちょう》」の武蔵坊弁慶(?~一一八九)の姿なら写真や映像などで一度くらいは目にしたことがあるだろう。弁慶の正体は謎に包まれているが、山伏に成りすました弁慶を描く「勧進帳」が人気を博すと、彼は山伏姿を象徴するアイコンになった。

つまり剱岳に登ったのは弁慶のような山伏だったというわけである。

兄の源頼朝（一一四七〜一一九九）から追われた源義経（一一五九〜一一八九）の従者となった弁慶は、京都から直線距離にして約六百五十キロメートルも離れた東北の衣川《ころもがわ》（現在の岩手県西磐井郡）へと向かった。追手や見張りの厳しい目をかい潜《くぐ》り、逃避行はいかに成し遂げられたのか――。ヒントは弁慶が山伏に扮した点にある。山地を修行の場とする山伏は日本の山域を知り尽くしていた。弁慶は地元に精通した山伏仲間を頼り、峰々に張り巡らされた踏み分け道を利用したのであろう。

ところで義経を命がけで守ろうとした弁慶は同時代ばかりか、それ以後の権力者にまで強烈なカウンターパンチを喰《く》らわせた。民衆に「判官贔屓」という途方もない価値観を植えつけたのである。判官贔屓は不遇の敗者、弱者、薄幸の者を救い出し、共に寄り添っていこうという、今なお多くの日本人が胸に秘めている美意識だ。

判官贔屓の先頭に立って闘ったのが弁慶を始めとする無名の山伏たちだ。もし彼らがいなければ、日本は弱肉強食の掟《おきて》が支配するだけの、超ドライで殺伐とした国に成り下がっていただろう。追われる義経を守ろうとした山伏がいたからこそ、日本人は判官贔屓という最も日本人らしい美徳を手に入れたのだ。

日本人の美的精神を作り上げた偉大な祖先であるにもかかわらず、山伏の存在がよく知られていないのは残念なことだ。

弁慶は義経らと衣川で死んだとされる。だが実際には命を落とすことなく、さらに北の北海道、サハリン島を越えてユーラシア大陸まで落ち延び、義経がモンゴルでチンギス・ハンになったとする有名な伝説もある。

まさか山伏がモンゴルまで義経を案内した訳はあるまい。本州から津軽海峡を渡り北海道へ行くことだって難しかったのではないか――。

ところがわたしは予想外の事実を知った。『アイヌ学入門』(瀬川拓郎 講談社 二〇一五年)には次のようにある。

千歳市の末広《すえひろ》遺跡では、一〇世紀代の竪穴住居から修験者のもつ錫杖の金属部品がみつかっています。錫杖が交易品として流通したとは考えにくいので、これは修験者がこの地域に入りこんでいたことを示すものといえます。

弁慶の時代以前に山伏が北海道に渡っていた! もしかしたら義経が東北で死んだという定説だって覆されることになるかもしれない。

わたしは山伏が山岳地帯ばかりか、海を越えて異界と呼ぶに等しい地にまで進出していたことに驚いた。何より強い印象を受けたのは北海道に残されていた山伏の遺物が、剱岳山頂にあったものと同じ錫杖頭という点だ。彼らはなぜ錫杖頭を残していったのか。そこにどんな意味が潜んでいるのか。山伏とは一体、何者なのか――。

当時の山伏にとり北海道や剱岳山頂は未踏の地であった。それぞれの場所に残された錫杖頭は未知なる土地に初上陸や初登頂を果たした探検家が地面に打ち立てた国旗のように、自国や自らの存在を誇示するシンボルのように見える。

仏具である錫杖から考えるなら山伏は仏教を遍《あまね》く日本全土に広めようとした奈良・平安期頃の布教者となろう。

洋の東西を問わず布教は国家支配の大義名分とされ最初の布教者は探検家であった。例えば十九世紀を代表する英国人探検家デイビッド・リヴィングストン（一八一三〜一八七三）はキリスト教を布教する宣教師としてアフリカ大陸の探検に派遣された。

時代や社会、文化は異なるが日本の山伏はどこかリヴィングストンに似ている。山伏は日本の僻地《へきち》へ最初に足を踏み入れ、布教を通じ国土を開発していった探検家だったのではないか——。

剱岳山頂で見つかった最古の遺物は錫杖頭と鉄剣である。遺物を残さなかったそれ以前の登頂者がいたかもしれないが、われわれが知る限り錫杖頭と鉄剣を山頂に残置した者が剱岳のファーストクライマー、初登頂者と考えられる。彼は人も通わない絶頂になぜ立とうとしたのか。修行だったのか。何か重大な任務を帯びていたのかもしれない。立ち上がる疑問を解くためには彼を単に登山家とみなすだけでは不十分だ。時代や社会のニーズによってつくり出された探検家として検証してこそ、剱岳山頂に最初に立った者の目的や実像を明らかにできる。

探検家であるわたしは日本を旅した初期の探検家たちを無視することができなかった。剱岳の謎を解けば彼らの実像の一端を浮かび上がらせることができる。日本の国土がどのような人たちによって発見されてきたのか。いまだ知られることのない歴史に光を当てるきっかけになるだろう。

剱岳の謎を前にわたしは六つの設問を並べてみた。

剱岳ファーストクライマーの謎

いつ　　　山頂に立ったのは何年か
誰が　　　山頂に錫杖頭と鉄剣を置いたのは誰か
どのように　どのようにして山頂を極めたのか
どの　　　どのルートから山頂にたどり着いたのか
どこに　　山頂のどこに錫杖頭と鉄剣を置いたのか
なぜ　　　なぜ山頂に立とうとしたのか

わたしはどんな謎解きに対しても「5W1H」の答えを求めていく。「いつ」「誰が」「どのように」「何を」「どこに」「なぜ」。その六つが明らかになるとき、ミステリーは完璧に解けるのだ。通常の5W1Hには「何を」に当たる“What”が含まれるが、剱岳山頂に置かれた物は錫杖頭と鉄剣である。そこで「何を（“What”）」を「どの」ルートかを問う“Which”に置き換えて

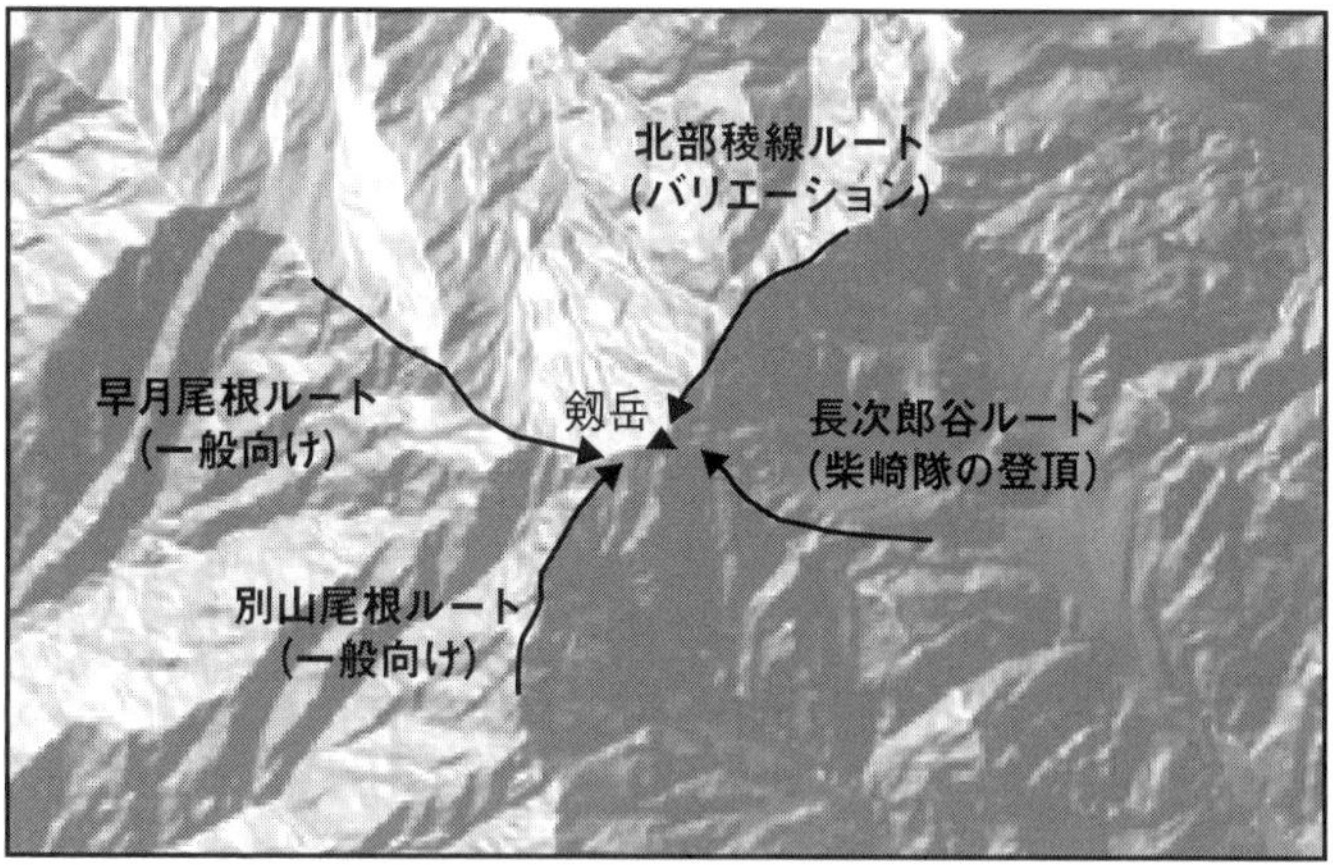

考えていく。

剱岳山頂で発見された錫杖頭が古代の仏具であることから、その頃の山伏が仏教の祭事か修行のために登ったことが想定される。

机に剱岳の登山地図を広げる。現在、剱岳には東西南北いずれの方向からもルートが開かれている。そのうち山道が整備され、一般登山者が訪れるのは南方から剱岳へ延びる別山尾根コースと、西方から延びる早《はや》月《つき》尾根コースだ。

一方、東側と北側からのルートはバリエーションコースと呼ばれ、標識やクサリなどの整備がなされていないため登山経験やロープなどの道具が必要となる。急峻《きゅうしゅん》な雪渓を通過する難所では夏でもピッケルやアイゼンといった雪山装備が求められる。

古代の山伏に現代アルピニズムの登攀技術や道具はなかった。その点からバリエーションコースではなく、簡単な一般コースを検討してみるべきだろう。わたしは別山尾根と早月尾根に着目した。

二つの尾根のうち、よりポピュラーなルートは劒岳の南西から登る別山尾根コースだ。『新・分県登山ガイド一七［改訂版］富山県の山』（佐伯郁夫他 山と溪谷社 二〇一〇年）によれば、別山尾根コースの行程は一泊二日。歩行時間は一日平均六時間十五分だ。このコースの標高差は一六九六メートルとなる。

もう一つの早月尾根コースもやはり一泊二日の行程だが、歩行時間は一日平均で八時間五分。標高差は二三五五メートルもある。

早月尾根コースを通ると歩行時間が二時間程度長い上、標高差は六五九メートルも余分にある。データ上では別山尾根コースの方がはるかに楽だ。だがそこには現代でも難所とされるカニのてばい、よこばいがある。古代山伏は難所を通過することができたのか——。

これまでの情報をもとに劒岳の「５Ｗ１Ｈ」を予想し、整理してみる。

劒岳ファーストクライマーの謎
いつ　古代（奈良〜平安期頃）
誰が　山伏
どのように　登攀技術や装備のない空身で登った
どの　別山尾根ルートか早月尾根ルート

どこに　　剱岳山頂
なぜ　　　仏教の祭事か修行のため

これでは何もわからないに等しい。登山史、地方史、山岳信仰などの研究分野からアプローチする方法はありそうだが、いずれにしても肝心の史料がない。

だが、史料ばかりが歴史を知る手だてではない。この謎に対してかつてどのようなフィールドワークが行われてきただろうか。山に登ってみることはもちろん、地元に伝わる伝承や昔話、古老の記憶、古地名、古道、さらには路傍の石に至るまで細大漏らさず確認されただろうか。近視眼に陥ることなく、それらが構成している森の全体を俯瞰《ふかん》してみただろうか。もし踏み込んだ調査が行われていないとするなら、わたしにはまだチャンスがある。埋もれた地方史や民俗学的資料を発掘し、それらを登山エキスパート、歴史学者、考古学者らの経験や知見、叡智と結びつけ、現場から考えることで謎に迫ってみたいと思った。

山伏は「どの」ルートから剱岳山頂に登ったのだろう。わたしは剱岳に登ろうと思ったことすらなかったが、謎解きのため一念発起して別山尾根コースと早月尾根コースを歩いてみることにしたのだ。

まずはカニのたてばい、よこばいの難所がある別山尾根に挑む。

二〇一六年八月。わたしは自宅がある秋田から一路、富山へと向かった。

飛行機で東京へ飛び、一泊。翌日早朝の北陸新幹線で富山駅へ行き、登山口となる立山町《たてやままち》の室《むろ》堂《どう》（標高二四五〇メートル）までは富山地鉄の電車や立山ケーブルカー、立山高原バスを次々と乗り継いでいく。有名な立山黒部アルペンルートだ。朝の六時すぎに東京を出たわたしが室堂ターミナルに降り立ったのは午前十一時すぎだった。

八月の盛夏というのに室堂の凜《りん》とした空気を頬に感じる。室堂には宿泊施設が建ち並び観光客が溢れていた。案内表示の言語は日本語に加えて英語、中国語、韓国語、タイ語が並ぶ。国際的に人気がある避暑地だ。長野県にある有名な避暑地の上高地は平均標高が約一五〇〇メートルである。もう一つの軽井沢は軽井沢駅付近の標高が約九四〇メートルだ。室堂はそれらよりはるかに高い。

室堂と剱岳の高度差は五四九メートル。立山黒部アルペンルートのおかげでだいぶ高度を稼いだことになる。この利点こそ現代の登山者を引きつける大きな要因だ。

午前中に無事、室堂にたどり着いたわたしはその足で山に入ることにした。剱岳に最も近い山小屋は剣山荘《けんざんそう》である。室堂からは約三時間五十分の道のりだ。

すでに十一時を回っているのだから、順調に行っても午後三時は過ぎる。早く出発しなければならない。

ところがターミナルの一角で白い湯気を立ち上らせている店が目に入った。看板に「立山そば」と書かれている。そういえば腹が減った。電車やバスに揺られながら、朝からほとんど何も食べていない。店内を覗くとどうやら立ち食いそばらしい。何人か客もいるので、味に外れはなさそうだ。

　店先に立ちどまり、迷っているわたしを尻目に、同じバスで来た登山者は出発していった。わたしだってここで時間を無駄にするのはもったいないと思っている。そのためにバックパックの中に栄養補助食品などをたくさん詰め込んできたのではないか。だが温かい湯気を見ているうち、わたしの心の中には抗いがたい気分が押しよせてきた。

「今ここで温かい汁ソバをすすっておかなければ、後で絶対に後悔する。これから冷たい風が吹き抜ける山道を何時間も歩かなければならないのだ」

　わたしはのれんをくぐり、ソバを注文した。「立山」と印字された蒲鉾を頬張り、ソバをすすり、椀の汁を最後の一滴まで飲み干す。食べ終わってもわたしは店内にもうしばらくいたいと思った。

　何だろう。寒い冬に暖かい布団やコタツから出たくないような怠け心や甘え心みたいだ。でも今は真夏じゃないか。それは剱岳を前にしたわたしの不安の表れであった。

「剱岳の謎を解くだなんて、自分にとって難題過ぎやしないか。そもそもわたしは剱岳にちゃんと登れるのか」

　今更ながらその思いが去来する。これまで多くの情報を集め、自分なりに準備を重ね、ようやく登山口まで来た。しかしいざ、バックパックを担いで出発する段になると初めて登る山に対する不安が暗雲のように立ち込めてきた。何事であれ初めての挑戦には不安や恐怖が伴う。誰か仲間がいれば躊躇することはないかもしれないが、単独の場合には最初の一歩を踏み出す思い切りが必要だ。

こんなわたしの背中を押すものはないか――。わたしは店のカウンターを見回し、飲み水のサーバーからコップに水を半分ほど汲んだ。それをぐっと飲み干す。冷たい水がのどを通り抜け、怠け気分や甘え気分を押し流した。

「レディ・トゥ・ゴー。行くのは今だ！」

意識の中にわだかまっていた不安を押しやり、バックパックを担いで、ターミナルの建物を出た。前途に広がる室堂平《むろどうだいら》へ。歩き進むうち雄大な山容が目に入ってきた。雄山《おやま》（標高三〇〇三メートル）をはじめとする立山三山と大日岳《だいにちだけ》を擁《よう》する大日三山だ。だがどこを探しても目指す剱岳は見えなかった。それは立山三山、大日三山の向こう側にあるらしい。

登山口で目指す山のピークが見えないのは何かお預けを喰らった気分になる。

わたしはミクリガ池を通過し雷鳥沢《らいちょうざわ》に出た。地獄谷付近では強い硫黄臭《いおうしゅう》のする水蒸気が地面から沸き上がっている。

地獄谷やミクリガ池は立山火山（弥陀《みだ》ヶ原《がはら》火山）の火口付近に当たり、かつて地獄思想に関わる名所として立山信仰の中心的な霊場だった。

江戸期の「立山曼荼羅《たてやままんだら》」に地獄の針の山として描かれた剱岳は、弘法大師がわらじ三千足を使っても登れず、「登ってはならない山、登ることのできない山」として恐れられてきた。

わたしはポケットの山岳地図をこまめに出し入れし現在地と地名を確認した。地図の「雷鳥沢」から本当に雷鳥に出会えるのかと疑ったが、雷鳥沢のキャンプ場にたどり着くまでに幾度か雷鳥を見かけた。周囲の岩に溶け込むような羽の色をしているので目立たない。わたしは首を傾《かし》げるように動かすしぐさに気づき思わず見入ってしまった。特別天然記念物に指定される貴重な鳥に出会えた喜びもあるが、「地名が活きている」ことに期待感が膨らむ。

地名には伝説と現実が入り混じっている。実際に雷鳥がいなくても地名になることはあり得る。雷鳥がいるから雷鳥沢と名づけられた立山では、他の地名にも現実が反映されていると思しく、信頼が置けそうだ。

雷鳥沢キャンプ場は混雑していた。色とりどりのテントは遠くから見るとチベットでよく見かける五色旗のタルチョに似ている。風にはためかせて祈りを捧げるものだが、わたしもテントのタルチョに前途を祝福され、風とともに先へと進んだ。

次に目指すのは剱御前小舎《つるぎごぜんごや》がある別山乗越《べっさんのっこし》だ。称名《しょうみょう》川（浄土川とも）の河原まで下り、そこから登り一方の坂が続く。乗越と呼ばれる峠は登山道が合流し、高速道路で言えばジャンクションのような場所だ。わたしは雷鳥沢から新室堂乗越《しんむろどうのっこし》を経由し、およそ二時間で別山乗越に到着した。

山小屋の脇に人だかりができている。誰かが指さす方向に剱岳があった。山頂は雲の中に隠れていたが、巨大な岩の塊である麓の重量感に圧倒される。

いよいよ来たのだ。

登山客数がピークを迎えるお盆はすでに過ぎていたが、剱御前小舎前には多くの登山客がひしめいていた。「剱岳」と聞けば屈強な山人だけの世界というイメージがある。夏の今は老若男女様々な登山者がいることに新鮮な驚きを覚える。

わたしは別山乗越でバックパックを下ろし、石に腰かけて水とチョコレート、柿ピーなどを交互に口にした。十分ほどでまた山道へ。ここから先は一歩ごと、遠くに聳える剱岳が近づいてくる。剱沢《つるぎざわ》キャンプ場に来ると剱岳は大迫力で迫ってきた。

その日泊まる山小屋である剣山荘に到着したのは、およそ一時間後の午後四時前だった。受付で前払いの会計を済ませると、「今晩は四人分のスペースに五人あるいは六人で寝てもらうことになるかもしれません」と言われた。予想以上の混雑ぶりだ。

寝床の確保も心配だが、明朝、全員が一斉に登り始めたらどんなことになってしまうのか。剱岳では急勾配の岩場で渋滞がよく起きるという。「運悪くカニのたてばいやよこばいを通過中に、絶壁の上で立ち往生してしまったら……」と悪い想像が膨らみ少々不安になる。誰かの話に耳を傾けているうち、宿泊者の中には登頂を終えて下山してきた人もかなりいることがわかり、一転、少々安心した。ところが無事に登頂してきた人が「カニのよこばいでは一瞬ひやっとさせられましたよ」と言っていたのを聞き、またしても不安に駆られる。

登山は表面的には肉体的活動とみなされるが、それ以上に精神的な強さが求められる。どんなに他人の体験を聞いたところで、登るのは自分であり、自分に向き合わなければ登頂できない。いや、その登頂ですら単なる山のてっぺんに立つことではなく、本当は自分を乗り越えてたどり着く精神的境地なのだ。

登山には肉体的、精神的と二つの側面がある。一方をスポーツ、他方を精神鍛錬と捉えるなら、それぞれの両極をなすのはアルピニズムと山伏的な修行だろうか。

剱岳アタック前日になっても、いや直前だからこそ胸中に湧き起こる一喜一憂。それを断ち切る一番の手段は寝てしまうことだ。わたしは入浴と夕食を終え、翌日の荷造りに取りかかった。剣山荘から剱岳山頂までは三時間ぐらいかかる。登頂後にまた戻ってくるので不要な荷物は宿の荷物置き場で預かってもらう。

小型のサブバッグに水、最小限の食料、地図、カメラ、メモ帳、鉛筆、資料、防寒着、スマホの予備バッテリー、非常時用のナイフや薬品、ライターなどを詰める。パッキングを手早く済ませ、わたしは布団に包《くる》まった。

翌午前三時。枕元に置いてあったスマホの目覚ましで起き、布団を抜け出す。熟睡できたわけではないが横になっている時間が長かった分、頭はスッキリしている。

いびきが反響する寝室から廊下に出てヘッドランプを点けた。出発までは流れ作業を黙々とこなしていく。洗面所に向かい洗顔、歯磨きを済ませ、目にコンタクトレンズを入れる。宿で用意してもらった弁当を温かいお茶とともに胃袋に流し込み、トイレにも行っておく。準備が完了したらいよいよ出発だ。ヘッドランプを着けたヘルメットをかぶり玄関で登山靴を履く。最後に昨夜のうちに準備をしておいたサブバッグを担いだ。

玄関の戸を引いて出た外の空気は冷たい。どんよりと曇った空に星は見えなかった。剱岳は手前の山々に隠されて見えない。峰々の黒く巨大なシルエットの上をたくさんの光がうごめいている。登山者の灯りだ。時計の針は午前四時十五分。すでに多くの人が剱岳に向かっていた。

わたしは光跡を追うように山道を歩き始めた。漆黒の闇夜を進む感覚はどこかSF映画の一シーンと重なる。岩が無造作に転がる地面を照らし出すわたしのヘッドランプは、未知の惑星に着陸した探査船のサーチライトのようだ。わたしを追い越していった大学山岳部かワンダーフォーゲル部のグループは、流星を追尾する宇宙船のように高速スピードで暗闇を駆けていく。

そんなスペクタクルは一瞬のできごとだ。最初の目的地である一服剱《いっぷくつるぎ》に到着する四十分ほどの間に、東の空は明るみ、現実世界が目の前に浮き上がる。マジックアワーと呼ばれるそのわずか数十分の間に、夜のファンタジーと昼のリアリティが、まるで魔法使いにでも操られているかのように入れ替わる。物語と現実の間にはどちらともつかない曖昧な世界が存在するが、何気ない平凡な一日にさえ、昼と夜、光と影、可視界と不可視界が重なり合う領域がある。

山で迎えるマジックアワーには神秘性が加わる。太陽が昇る前後の時間と空間には神性《しんせい》が宿る。古来、アマテラスという太陽神を崇拝してきた日本人の祈りが写し出される。古代の山伏が山に求めた宗教的境地もそこに秘蔵されているのではあるまいか。

黎明《れいめい》の中を登り続け、わたしは午前五時、一服剱にたどり着いた。確かに一服という名の通り、歩き始めて最初にひと息つく場所だ。そこは別山尾根上の小ピークで、標高は二六一八メートルある。頂上が狭く急峻なため、高度感を味わう。

「剱岳地名大辞典」佐伯邦夫（『立山カルデラ砂防博物館研究紀要　第十三号』所収　立山カルデラ砂防博物館　二〇一二年）を見ると「一九四〇年代の終わり、富山高校山岳部員により使われはじめたとされる。珍しくコミカルな名称」と記されている。

わたしはその名称がさほど古くないことに意外な印象を持った。近代登山史としての剱岳初登頂は一九〇七（明治四〇）年だ。つまり一九四〇年代終盤になるまでの四十年近くもそのピークに名前がなかったことになる。別山尾根は現在では最もポピュラーなコースだが、人の往来が増え地名がつけられたのは案外最近なのだ。

それにしても一服剱の由来を書き記す「剱岳地名大辞典」のような資料があるとは思わなかった。日本アルプスといった広域、あるいは地方研究者の視点からの立山連峰ならまだしも、剱岳の一山限定で、しかも「辞典」には「大」という文字までついている。著者の佐伯邦夫氏は『剱岳をどう登るか』（北国出版社　一九七六年）という本まで書いた登山家だ。剱岳がいかに人を熱狂させるかがうかがえよう。

一服剱でひと息入れたわたしは先を急いだ。次に目指すは標高二八一三メートルの前剱《まえつるぎ》だ。別山尾根上にあるピークで、そこを越えればいよいよ剱岳の登頂にかかる。

一服劔を越えたところから登山道は荒涼とした岩場になる。武蔵《たけぞう》のコルから先はのんびり休憩する場所さえない。コルとは尾根上にあるピークとピークの間の低いところ。ジェットコースターで言えば、落下速度が最高潮になり、続いて急激に上昇する絶叫ポイントだ。登山者にとってもコルでは下降と上昇が切り替わるため、景観や重力が急展開する。「今まさに自分が山を登っている」と実感できる場所だ。

岩場は浮石《うきいし》が多く、よほど注意深く足を運ばないとガラガラと落ちていく。他人の頭上に岩を降らせるわけにはいかないし、逆に脆《もろ》い岩ごと自分が奈落の底に転落したらひとたまりもない。前劔大岩にさしかかり傾斜はますますきつくなった。それは今にも転がり落ちてきそうな大岩だ。見上げても、下界を見下ろしても、恐怖感が煽《あお》られる。

別山尾根コースには往復路合わせて合計十三ヶ所の鎖場《くさりば》がある。鎖をつかめば安心して通行できるようになっているが、鎖がかけられる危険箇所がそれだけあるとは知らなかった。

道中では登山客を引き連れた登山ガイドを見かけた。ガイドは自信たっぷりな客にも遠慮しない。「足だけじゃなく、両手も意識的に使って登らないと、後半きっとバテますよ」。そのように大声でアドバイスする。

山道では地面に手をつけて体の重心バランスを取ることで、足の負担が軽減される。カモシカにせよクマにせよ、四本足の獣は山の急斜面を驚くほどすばやく移動できる。人類学者は二足歩行を獲得した人間の変化を「進化」と呼んだ。だが視点を変えて山という環境から再考するなら、明らかに二足歩行は退化である。四足歩行をやめた人類の祖先は山の自然環境から淘汰され絶滅してしまった。いや、もしヒマラヤに雪男イエティが存在するなら、それはきっと四足歩行を基本とする動物のはずだ。人間だって山に入ったからには野性を取り戻せばいい。

午前五時五十五分、前剱に到着。すぐに出発し転がり落ちた岩が堆積《たいせき》したような荒涼とした場所を進む。この先にあるカニのたてばいを越えれば剱岳山頂はもう目前だ。登山道に設けた通過点を順調にクリアしていく喜びはともかく、いよいよ迫ってきたクライマックスに緊張感が昂《たか》ぶっていく。

前剱を過ぎると断崖と断崖の間に長さおよそ四メートルの鉄橋がかかっている。ここでもし天気が一転しガスがかかって横殴りの強風が吹き荒れでもしたら、かなりの危険地帯に早変わりしてしまう。わたしは両手をヤジロベエの様に左右に伸ばしバランスをとりながら慎重に渡った。

さらに二ヶ所の鎖場を通過し、前剱の門に達する。門と呼ばれるようにぽっかりと口を開けた崖下は剱岳の南西側に切れ込む東大谷《ひがしおおたん》の奈落だ。

一難去ってまた一難。次は平蔵《へいぞう》の頭《ず》が待っている。その風変わりな名称の正体は登山道を塞いでいる大岩だ。登山者は剱岳山頂の手前まで迫りながら、その巨大な障害物を乗り越える試練を与えられる。高度感に足を震わせながら鎖に沿って慎重に降りていく。

怪物のような大岩を無事に越えたと思っても息をつく暇はない。崖崩れが途中で止まったまま、いつまた動き出すかもしれないような岩場から平蔵のコルへ。

別山尾根の平蔵の頭

別山尾根のカニのたてばい

別山尾根には「武蔵のコル」「平蔵の頭」「平蔵のコル」など人の名前がついた難所がある。佐伯武蔵、佐伯平蔵らは剱岳をはじめ立山で活躍した山岳ガイドだ。剱岳周辺には他にも「長次郎谷」の宇治長次郎、「源次郎尾根《げんじろうおね》」の佐伯源之助（屋号を源次郎）など、日本の近代登山の幕開けに活躍した山の英雄たちの名前が刻まれる。

日本の登山史は日本アルプスで幕を開けた。そもそも日本の山が「アルプス」と呼ばれるようになったのは、イギリスの鉱山技師ウィリアム・ゴーランドが槍ヶ岳《やりがたけ》（標高三一八〇メートル）や前穂高岳《まえほたかだけ》（標高三〇九〇メートル）に登った経験をもとに一八八一（明治一四）年の著作物で命名したのがきっかけだ。

ヨーロッパではモンブラン（標高四八一〇メートル）やマッターホルン（標高四四七八メートル）の征服に挑んだことでアルピニズムが誕生し、登攀技術や装備などの発展を促した。マッターホルンに喩《たと》えられる槍ヶ岳の登頂が日本のアルピニズムを開いたという符合は興味深い。

平蔵のコルを通過したわたしはいよいよ剱岳山頂への最終章を迎えた。難敵はついに来た。カニのたてばいは別山尾根コース登路で待ち構えるラスボスである。

その登り口にはすでに順番待ちの人が並んでいた。困難な山にもかかわらず渋滞が起きるという摩訶不思議をどう理解したらいいのか。剱岳の人気のほどを如実に表す光景を前にわたしは思わず唸《うな》った。

なぜ日本人は剱岳に登るのか？　名誉のためか、金のためか。

いや、そんな人間がいないとは言い切れないが、カニのたてばいに集まる多くの登山者の心にはもっと純粋で崇高なる精神が働いているはずだ。マロリーの名言「そこに山があるから」に似た人間の本能から立ち上がる意識そのものだ。

わたしは順番待ちをしながらカニのたてばいを下から見上げた。高さ約五十メートルのほぼ垂直の岩壁で、十七メートルほどの登攀ルート上に太い鎖が張られ、足場となる金属製のボルトが打ち込まれている。

およそ七、八分は待ったであろうか。わたしの順番が来た。慎重に両手、両足の置き場を考えながら岩を登っていく。手にも足にも重力がかかった。カニのたてばいほど万有引力の法則を全身で実感できる場所は日本にそうないだろう。

果たしてわたしは無事に登れるか、否か。いや、「登れる」だけではだめなのだ。鉄鎖《てっさ》やボルトなどで保全された山道を基準にしては剱岳に登った古代人には迫れない。

もしわたしが鎖やボルトなしでも登れるなら、古代人がカニのたてばいを這い上がり山頂に立った可能性を示せるであろう。剱岳ファーストクライマーのルートを別山尾根とする見立てが成り立つ。

わたしはカニのたてばいに限らず「鎖に頼らずボルトに足や手をかけずに登る」ことを目標にしていた。人工物ではなく、岩の突起や裂け目に手や足をかけて登っていく。両手両足のうち三点を地面につける三点支持を心がけ慎重に手足を先に進めた。もし体重をのせた岩が脆くも割れてしまったら……。意識の中には常にその恐怖心が働く。

バランスを崩しかけた瞬間、わたしはボルトに手をかけ、足を置いた。とてもではないがボルトに頼らなければ登れない。ともかく安全第一で登っていく。

気がつけばわたしは崖の上に立っていた。カニのたてばいの通過に無事成功！　難関をクリアしたわたしの前途には大きな空が開けていた。曇ってはいるが上空から明るい光が降り注いでくる。

斜面の先に標柱《ひょうちゅう》が見えてきた。それは別山尾根と早月尾根の分岐点を示す。剱岳のもう一つの一般登山道、早月尾根コースとはここで合流するのだ。

標柱を過ぎると傾斜は緩やかになった。大きな岩と岩の間をすり抜けていくにつれ小さな祠《ほこら》が見えてきた。

道は祠の裏側に通じ、その脇を通り抜ければ山頂だ。ちらりと時計を見ると午前七時十分。出発から約三時間経過したところだ。

わたしはゆっくりと、剱岳の山頂に足を踏み込んだ。

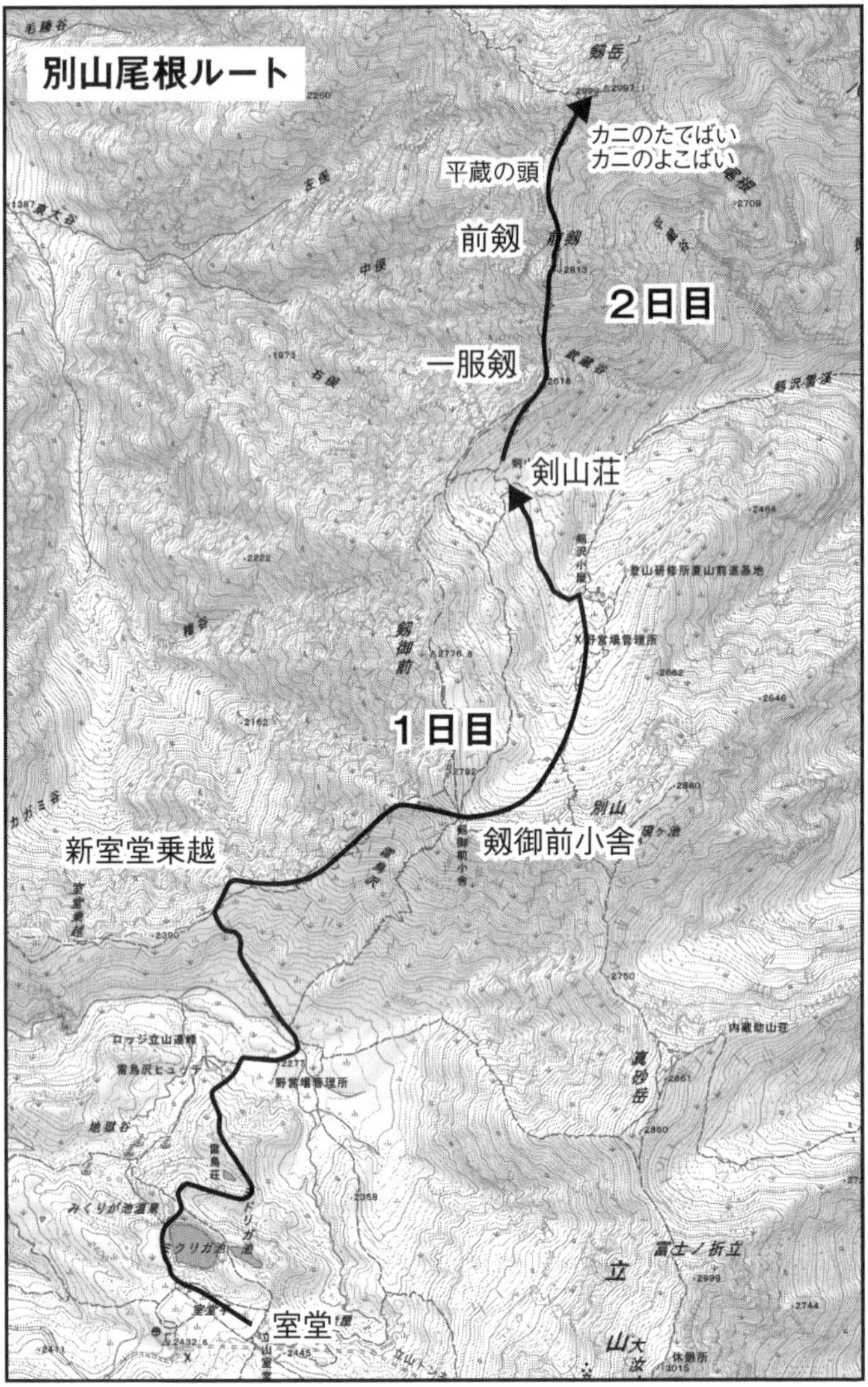
別山尾根ルート
カニのたてばい
カニのよこばい
平蔵の頭
前剱
2日目
一服剱
剣山荘
1日目
剱御前小舎
新室堂乗越
室堂

第二章　「Z地点」はどこか

山に登るのは、山の神に会いに行くこと。

ヒマラヤで出会った山屋の男はそのように言っていた。

合理性が支配するこの世の中で、神が存在すると言う人は少ない。しかしなぜか山ではそれが許されるように思う。山は異界であるがゆえに山の神、水の神、八百万《やおよろず》の神が坐《ましま》す。そんな至高の頂こそ神々との邂逅《かいこう》の地にふさわしい。高みを目指すクライマーは数字としての標高を追い求めているだけではなく、天上の神界に近づきたいという崇高な無意識に誘われているところがあるかもしれない。登山家はゴールとなる山頂で山の神から祝福を受けるのだろう。

ヒマラヤでわたしが向かったアンナプルナはサンスクリット語で「豊穣《ほうじょう》の女神」を意味する。山は神であり、登山は神と出会う特別の体験に違いない。

ところがネパールには信仰上の理由とやらで現代においても未踏峰の山が残る。アンナプルナの近くに位置するマチャプチャレ（標高六九九三メートル）もそのひとつだ。マッターホルンにも喩えられる美しい山容と、マツヤ（ヴィシュヌ）神にちなむ神話伝説により地元民から崇拝の対象とされてきた。神域《しんいき》と信じられているがゆえに禁足地となっているのだ。

山を神そのもの、あるいは聖地に見立てる文化は日本と同じだが、ネパール人は登ることを忌み嫌うところがある。確かにヒマラヤ登山史を紐解いてみても、ネパール人たちは伝統的に霊山に登る文化習慣がなかったとわかる。彼らが登山し始めるのはヨーロッパ人がスポーツのアルピニズムを持ち込み、現地人をポーターとして雇い始めてからのことである。

古代の日本人は逆に、神域であるがゆえに聖山に踏み込んでいった。

わたしはヒマラヤを旅したことで日本人の山に対する向き合い方に興味を抱いた。なぜ日本人は山に登るのだろうか。異国の山岳観を知り、この普遍的な問題への関心はさらに強まった。

『アルプスの山の娘』（スピリ、ヨハンナ　野上彌生子訳　岩波書店　一九三四年）に次のような一節がある。


「あの雪の山を見なさいよ。ほら、あの一番高い岩の山を。――あれなんて山なの。」

「山の名前なんかあるもんか。」


アニメ「ハイジ」の原作が執筆されたのは一八八〇年頃とされる。小説の中でハイヂの質問に羊飼いのペーテルが答えるように、当時、山に名前はなかった。地図も空白だったし、山は人々の意識の外にある異界だったのだ。

いや、ヨーロッパ人にとってアルプスの高峰はむしろ畏るべき魔の山であった。一八六五年、マッターホルンに初登頂を果たしたウィンパーは次のように記している。

マッターホルンの頂上には廃墟になった町があり、そこに魔ものや亡霊たちが住んでいるのだ

（『アルプス登攀記（上）〔全二冊〕』ウィンパー 浦松佐美太郎訳 岩波書店 一九三六年）

霊山は魔界であり、決して登ってはならない不吉な場所だった。その考えがヨーロッパ特有のものではないと知ったのは二〇〇七（平成一九）年七月のことだ。わたしは南米のギアナ高地にいた。ボートでカラオ川からチュルン川を遡り、卓状台地のひとつアウヤンテプイへと向かった。そこから落下する世界最大級の落差を誇る滝エンジェルフォールに近づくためだ。そのとき同行した現地ペモン族のガイドから昔の話を聞いた。

現地の言葉でアウヤンテプイは「悪魔の山」という意味で、観光客を案内するようになる以前は、誰も近づこうとしなかったという。

世界各地の山に対する意識を比較してみると興味深い事実が浮き彫りとなる。ヨーロッパや南米では人間が寄りつき難いほど高く大きな山は不吉な場所で登ろうとする者はいなかった。一方、雪を頂くヒマラヤの高嶺は神そのもの、あるいは聖地とみなされたが、それゆえ登ることはタブーとされた。

魔界か神界かという違いこそあれ、世界の人々は山を積極的に登る対象とみなしてはこなかっ

た。

クライマーであるレビュファは『星と嵐』（近藤等訳　集英社　一九九二年）に書いている。

高山征服の歴史はまだ日が浅い。

登山史上の最初の重要な年は一七八六年ではないだろうか？（中略）アルプスの最高峰モン・ブランは医師パカールとガイドのジャック・バルマによって登られ、アルピニズムは誕生した。

ここで注目すべきはモンブラン初登頂からおよそ百年後に書かれた「ハイジ」には依然として「山の名前なんかあるもんか」と書かれている点だ。

そういった世界の傾向と比較して、日本人の山に対する意識は特異である。山は聖域であり、それゆえ登るべきものだった。そんな日本人と山を象徴する最古の例のひとつが剱岳山頂に置かれた古代の錫杖頭と鉄剣なのだ。

剱岳の山頂には、今も「Z地点」の謎が残されている。

日本陸軍参謀本部の陸地測量部が一九〇七（明治四〇）年、剱岳山頂で見慣れない錫杖頭と鉄剣を発見した。記録によればそれは剱岳の「絶頂」にあったという。「絶頂」すなわち、わたしが「Z地点」と呼ぶその地点はどこにあるのか。

探検のモチベーションはネーミングで左右される。「絶頂」と言われてもピンとこないが、それを「謎のＺ地点」と言い換えるだけでなぜかテンションが上がる。冒険ドラマの予感さえ満ちてくる。

もちろん「Ｚ」は「絶頂」の頭文字だが、アルファベット最後の文字として究極、最終を意味するシンボルでもある。剱岳のＺを知ることは、誰も知らない剱岳の核心部にたどり着き、その秘密を解き明かすことなのだ。

Ｚ地点探しはわたしが始めた探検の「５Ｗ１Ｈ」の“Where”に当たる。つまり「錫杖頭と鉄剣は剱岳山頂のどこにあったか」を探し当てることだ。

なぜ錫杖頭が山頂に持ち込まれたのか。鉄剣と合わせて発見されているので落とし物などではない。神聖な仏具である点から奉納されたものとみていいし、山伏は限られた山頂のどこかを奉納場所に選んだことは間違いない。つまり錫杖頭が発見された「絶頂」とは、剱岳山頂の中で最も神聖な場所だったはずなのだ。

「そこはどんな場所か。今もあるのか。剱岳に登頂するなら、ぜひともつきとめたい」。わたしは剱岳登山に対してそんな企てを胸に秘めていた。そして今や、そのときが来たのだ。

二〇一六年八月二十四日、午前七時十分。剱岳山頂にたどり着いたわたしは周囲を見回した。登ってきた山道近くに剱岳社の祠がある。

祠から約十メートル北東には三等三角点があった。剱岳測量百年を記念して二〇〇七（平成一九)年、国土地理院北陸地方測量部により設置されたものだ。山頂における目立った人工物はそれだけだ。

山頂は東西三十四メートル、南北十四メートルほどの緩やかな場所だ。岩が無造作に転がっているだけで特徴ある場所は見当たらない。

しかもその日は曇天が災いし、山頂から見えるはずの遠い山並みは見えなかった。周囲の景観から手がかりを得ることは難しい。

わたしはサブバッグの中から資料を取り出した。

錫杖頭等の発見者に直接取材した地元紙「富山日報」(当時)記者である午山生の記事を取り上げた記録だ。

絶頂の西南大山の方面に当り二三間下の方に奥行六尺、幅四尺位で人の一二人は露宿《ろしゅく》し得る様な岩窟がある、此窟の中で何年《いつ》か焚火した事があるものと見え、蘚苔《せんたい》に封ぜられたる木炭の破片を発見した事である、此外《このほか》には這松《はいまつ》の枯れて石の様になりたる物二三本と兎《うさぎ》の糞二三塊ありしのみである

「越中劍岳先登記」午山生(『日本登山記録大成第七巻劒岳Ⅰ』所収 同朋舎出版 一九八三年)

錫杖頭が発見されたのは絶頂であった。それが山頂部のどこを指すのかは明確ではない。だが

剱岳三等三角点

剱岳社の祠

この記録を見る限り、近くに人が入れるほどの岩窟があったという。岩窟を探し出せば絶頂、すなわちZ地点の位置が特定できる。

岩窟の奥行きは約一・八メートル、幅約一・二メートル。大きさは一畳より少し広い程度だ。またその位置は錫杖頭等が発見された絶頂から二、三間（約四、五メートル）下がったところで、大山がある西南方向だという。剱岳の南西には大山町《おおやままち》（現在は富山市に合併）があった。

具体的な情報があるのだから見つけられる可能性は高い。そこからZ地点の位置は難なく特定できるはずだ。

わたしは剱岳社や三角点から南西方向へ四、五メートル下がったところを探した。しかしどこにも岩窟は存在しない。

今度は方角を無視して山頂部から四、五メートルほど下がった地点を探してみる。砂地の急坂を慎重に降りたところに岩穴が二つあった。どちらも天井の岩が崩落しており、中に入ることは難しい。

わたしはせめて二つの岩穴を覗き込んでみた。ジュースの錆びた缶などのゴミが投げ込まれていた。もしかしたら天井が崩落する前、登山者が危険を回避するためビバーク（野営）したのかもしれない。現代人が捨てていったゴミが落ちている場所に古代人の痕跡が残されている可能性もある。

だが二つの岩穴のサイズは資料と合わない。剱岳にある岩窟としては発見に違いないが、わたしが探しているものではなさそうだ。

山頂に続々と登山者が登ってきた。曇って景色がよく見えないこともあり、登頂者は劔岳社の前に集まっていた。そして祠を背景に写真を撮っては登頂の喜びを嚙みしめている。劔岳社を調査していたわたしにもシャッターの依頼がきたので、誰彼《だれかれ》となく写真を撮り、ついでに自分のスマホのシャッターも押してもらう。やはり登ったからには、「証」を残しておきたい。

劔岳山頂と登山者

時計を見て焦った。針はすでに午前八時を回っている。早くも一時間になる。そしてもう下山しなければならない時間なのだ。

劔岳の下山にも時間がかかる。昨夜一泊した剣山荘まで二時間半。その間にもうひとつの難関、今度はカニのよこばいを無事通過しなければならない。

剣山荘から別山乗越まで一時間半はかかる。最後の室堂まで二時間十五分として歩行時間だけで合計六時間十五分だ。途中の休憩時間を加えるなら七時間ぐらいをみなければならない。

余計なリスクを負いたくないので帰りの電車は予約していないが、剱岳山頂をそろそろ出なければならない。

早朝に出発しても山頂には一時間ぐらいしかいられない。剱岳で探検をする難しさを痛感する。それでも今日はいい方なのだ。雨でも降り出したら山頂で悠長に岩窟探しなどできなくなる。いや、たとえ雨が降らなくても、遠雷が響くだけで「即時撤退」の判断を下すことになろう。

初めて登ったわたしが山頂で滞在時間を最大限過ごすことができただけでも感謝すべきなのだ。探していた岩窟は見つからなかったが、今日の山行《さんこう》により剱岳山頂の現状や様子は大体把握できた。

剱岳山頂から岩場を慎重に降り始める。「同じ道を引き返すのだから楽勝」というわけにはいかない。当然のことながら登りだった箇所は下りとなる。往路では楽に感じた登り坂でも、復路で下りになれば恐怖感を覚えることもある。復路は下界がストレートに目に入ってくるので高度感を直接に味わうからだ。

幸いガスがかかり下界が見えなくなった。高度感がない分、恐怖を覚えることはないが、ガスは次第に上昇し足下をかすめ飛び始めた。それが災いの元になる。

別山尾根では渋滞や危険を回避するため登りと下りのルートが分けられている。どちらに進むかは岩に書かれたペンキの矢印を頼りに判断する。

ガスに翻弄されるまま、わたしはひとつの矢印を見逃し道を外れてしまった。突然切り立った断崖の前に出て肝を冷やす。あやうく奈落の底に吸い込まれてしまうところであった。それは一瞬の不注意により引き起こされる。

ガスは難所であるカニのよこばいでもわたしに襲いかかってきた。登りで通過したたてばいでは五十メートルの断崖を上に登ったが、よこばいでは断崖上を横歩きで通過しなければならない。鎖が張られて足場もちゃんとしている。ところが今は視界が悪く、わたしは踏み込むべき最初の一歩を飛ばしてしまった。

右足で踏むべきところに左足を置いてしまったため断崖上でフリーズする。

焦らず両手で鎖をしっかりとつかみ、足で二度、三度と岩場を探った。体をぐっと進行方向に伸ばすとようやく先にある足場を探り当てることができた。

甘く見ていたわけではないし、慎重さを欠いたわけでもないが、ガスっている中で進むことの怖さを味わった。

鎖場を過ぎると約十五メートルもある鉄梯子《てつばしご》の下りがあり、さらにルンゼと呼ばれる岩の険しい溝を下る。ガラ場《ば》（岩がごろごろしている場所）を慎重に歩き平蔵のコルでひと息ついた。

試練はまだ続く。平蔵の頭を越える前に三ヶ所の鎖場が待っている。不安定な足場の下り坂にストレスがたまる。それでも膝がガクガクすることがなかったのは、往路で極力両手両足を使って登り、足の筋肉疲労を軽減したからだ。

平蔵の頭から前剱までの下りにも登りと同じ時間を要する。次の前剱から一服剱までのルート上でも緊張を解く余裕はなかった。依然として地面は脆く滑りやすい。浮石も多い。一服劔を通過して、無事に剣山荘にたどり着いたのは午前十一時だ。

一足早く下山した人が首にタオルを巻いて缶ビールを飲んでいた。気持ちはわかる。ここまで来ればひとまずホッとひと息つける。わたしは山小屋で預かってもらっていたバックパックを受け取り、栄養補助食品を口にした。

登山中の食事は一日三食と限らない。小腹が空いたときだけではなく、気がついたとき、歩きながらでも、口にできるものを口にする。

登山は引き算と足し算で成り立っている。山を登るとき、急坂で息が上がり汗が流れ出る。高度が上がって酸素量が少なくなり体力も奪われていく。登りはストイックな引き算だ。自分の肉体ばかりか精神からも様々なものがそぎ落とされていく。最後は山頂と自己だけの克己《こっき》的な世界にたどり着く。

一転、山の下りは足し算だ。背を向けていた下界を一望し、次第に緩やかになっていく坂で体力と気力を取り戻す。空気が濃くなり水場で喉を潤す。心は安心感と充実感で満たされ帰路へと着く。

剣山荘を出発して歩き始めたわたしは二人の外国人登山者と出会った。オーストラリア出身の二人は学校のＡＬＴ（外国語指導助手）として英語を教えて数年になるという。劔岳に来るぐらいなのだから、結構な山好きに違いない。わたしは尋ねた。

「日本では他の山にも登ってるの？」

「いや、どこにも行ったことがないよ」

二人のうち背の高い男が答えた。意外な答えにわたしの好奇心が傾いた。

「いきなり劒岳だなんて、ちょっとクレイジーじゃない？」

「劒岳の前に雄山に登ったよ」

雄山は立山連峰のひとつで劒岳の南に位置している。わたしは続けざまに質問した。

「でもなんで劒岳に登ろうと思ったの？」

「天国に行ったから、今度は地獄も見てみたいと思ってね」

確かに昔の立山信仰で雄山は極楽浄土とみなされていた。劒岳は地獄とされ禁足地だった。

「そういうのをちゃんと理解して来てるんだ」

わたしは感心した。

「山が天国だとか地獄だとか、そんなのオーストラリアにはないよ。両方がセットになっているからおもしろいと思ってね」

背が低いヒゲの男が口を開いた。わたしはすぐに質問を投げかけた。

「両方登ってみて、どうだった？」

「地獄の方が好きかな」

そもそもなぜ劒岳は地獄と見なされたのか。実際に登ってみてわたしも地獄巡りの気分を味わえた。だが剱岳が入山禁止とされていたのは解せない。剱岳の過酷な環境を地獄に当てはめ信仰を広めようとしていたのなら、信者を登らせた方が効果的だったはずだ。いや、逆もあり得る。このオージー青年らのように登ったら最後、みんな地獄の方が好きになってしまう。多分雄山と剱岳の人気が逆転してしまって、剱岳は地獄ではなくなる。そんなことが起こり得るだろう。剱岳を禁足地としたのは、宗教的な事情というより別の事情が絡んでいそうな気がする。

わたしはその後、順調に剱御前小舎を通過し、室堂に到着したのは十五時二十五分だった。山頂を出たのが午前八時十分だったから七時間以上かかったことになる。長い道のりだ。出発した室堂ターミナルに帰り着き、ホッと息をついた。

秋田に戻るなり、わたしは文献を片っ端から開いてみた。

『古代山岳信仰遺跡の研究――日光山地を中心とする山頂遺跡の一考察――』(大和久震平　名著出版　一九九〇年)には剱岳山頂の岩窟について次のように記されている。

立方形で巨岩からなり、天井はない。(中略) 奥壁は上部が若干せり出していて、風雪はともかく多少の雨露は凌げそうにみえる。

学術書にもこのように明確に記されているのだから、きっとわたしは岩窟を見落としてしまったのだろう。悔しい思いがした。だが正確な位置を示した地図がないのでこの一文を頼りにまた出かけて行っても見つけられるとは限らない。

手がかりがないまま、迷宮入りか……。だが突破口は意外にも身近なところで見つかった。インターネット検索で「剱岳山頂遺跡詳細測量」という言葉がヒットした。富山県埋蔵文化財センターのウェブページだ。

剱岳山頂遺跡！　そんな遺跡があるのか？　まさにわたしが見つけられなかった岩窟のことではないか……。ネット上に具体的な調査内容などは示されていないが、二〇一四(平成二六)年七月から八月にかけて剱岳山頂へ出かける予定と書かれている。今から二年前の情報だ。わたしはさっそく富山県埋蔵文化財センターに問い合わせた。

剱岳山頂の測量調査は計画通り行われ、『立山・黒部山岳遺跡調査報告書』が二〇一六(平成二八)年三月に出たばかりだという。なんと、わずか数ヶ月前のことではないか！　報告書を読みたいと希望を伝えたところ、発行部数は僅少《きんしょう》であり、贈呈や販売はできないという。富山県内の図書館で見られるらしいが、わたしはその富山県から数日前、秋田に戻ったばかりなのだ。

わたしが電話越しに悲痛の叫びを上げると担当者は電話を保留にした。しばらくして受話器越しに戻ってきて言う。

「いま記録を見ましたら、秋田市にある県立図書館ですか、そこにも一部寄贈してあります。閲覧できるはずです」

秋田県立図書館は、わたしが調査のためによく訪れる場所だ。灯台下暗《とうだいもとくら》し。だがわたしは図書館の端末機にこれまで何度となく「剱岳」「立山」「富山県」という関連キーワードを打ち込み蔵書検索を行ってきた。剱岳登山に出る二週間前にも検索したばかりだ。ヒットすれば当然手に取ったはずだが、記憶にも印象にも残っていない。

わたしは秋田県立図書館に問い合わせた。報告書は確かに届いているという。ただし秋田県に直接関係がない冊子とみなされデータベースに上げられていなかった。それればかりかあと数ヶ月で廃棄処分になるという。

なんということだ！　わたしはまたしても悲痛の叫びを上げた。幸い担当者はその報告書を図書館の蔵書として登録し、貸出しが受けられるようにしてくれた。際どいところだ。それにしてもお宝は思いも寄らない身近に埋もれているものだ。

わたしは報告書を借りて読み始めた。剱岳山頂で探し求めた岩窟は「剱岳山頂遺跡」と呼ばれ、報告書にはそれに関する情報が測量図、写真、解説つきで提示されているではないか。思わず鳥肌が立つ。解説には岩窟の特徴が示されていた。

南北は開口しているが、竪穴《たてあな》と見えないこともない。

この一文を読み、なぜわたしが山頂で岩窟を見つけられなかったのか、ようやく納得ができた。

それはおよそ岩窟とも、竪穴とも言い難い形をしているのだ。

だがいまやわたしは剱岳山頂遺跡の詳細な情報を手にした。測量図にはその位置が打ち込まれ、北緯、東経のGPSデータもはっきりしている。それらを元にすればわたしはZ地点を見つけ出せるはずだ。そう思いついたら最後、もうじっとしてなんかいられない。自分の目で確かめZ地点をつきとめるのだ。

まもなく八月が終わり、九月になる。剱岳の山小屋は十月で閉鎖するらしい。幸い、バックパックは山から持って帰ったまま荷解きさえしていない。このまま行っちゃうか。そうだ、行くのは、今だ。

二〇一六年九月一日。剱岳山頂に初めて立った日の八日後、わたしは富山に舞い戻ってきた。

まさか翌週に剱岳に登ることになろうとは——。

わたしは自分に言い聞かせた。

「先週の剱岳登山はほんのトレーニングだったのだ。本番はこれからさ」

室堂ターミナルに降り立ち、バックパックを背負って歩き始めた。立ち食いそば屋からは相変わらず美味そうな白い湯気が立ち上っていたが、今日は後ろ髪を引かれることはない。目標が定まったわたしはただ一直線に歩むのみ。

先週同様、剣山荘に宿泊し早朝の三時から登り始めた。天候は快晴だが気温が下がっている。先週の夏から一足飛びに季節が入れ替わった。

剱岳山頂遺跡

九月二日、午前六時。山頂に続く道が二つに枝分かれする場所に来た。進路を右に取りそのまま直進すれば山頂に立つ剱岳社の裏手に到着する。左に進めば大きな岩間をくぐり抜け、剱岳社へは横から回り込む形となる。

わたしは左手の道を進み、とりわけ大きな岩を注意深く調べた。

「これのことか……」と胸中で呟く。地形図が示す剱岳山頂遺跡とは目の前の岩のことを指すらしいが、これのどこが竪穴だと言うのか。

わたしは岩場の高いところから俯瞰してみた。二つの巨岩が南北平行に並んでいる。岩と岩の間は狭まったところで二メートルしかない。わたしはその間に入り腰を下ろしてみた。確かに風を避けることはできる。だが雨が降ったらびしょ濡れだ。

現場の印象は記録とだいぶ異なっている。石がきれいに敷かれたようになっていて、遺跡が登山道に変えられてしまったようにも見える。

また遺跡の特徴とされる、岩が張り出して屋根代わりになった奥壁が見つからないのも気になる。

曖昧さは残るが他に該当する場所はなさそうだ。この剱岳山頂遺跡を明治期の測量者たちが見つけた岩窟と考えて検証していこう。

時計を見るとすでに七時を回っている。岩窟の検証だけで一時間を費やしてしまった。下山までは残りあと一時間。

わたしは錫杖頭と鉄剣が置かれたZ地点を求め、山頂に立った。すでに多くの登頂者が思い思いの時間を過ごしている。わたしは快晴の空と地平線を一望した。剱岳を取り囲むように山々が鎮座している。遠くには富士山も見えた。

明治期の資料「越中剣岳先登記」を改めて確かめる。剱岳山頂遺跡から北東方向へ約四、五メートル上がったところが絶頂である。そこが山の頂で、錫杖頭と鉄剣が発見されたZ地点だ。

この情報を元にわたしは現場を探した。何もない。

錫杖頭等を見つけたのは測量関係者だ。方角や距離には信頼がおける。ただし山頂付近は不揃いの岩におおわれ、緩やかに傾斜している。そのため方角はともかく、距離感がつかみにくいのも事実だ。

どこを山頂と考えるか。一般的には眺望が一番開けた山の最高地点に立つとき山頂に来たと感

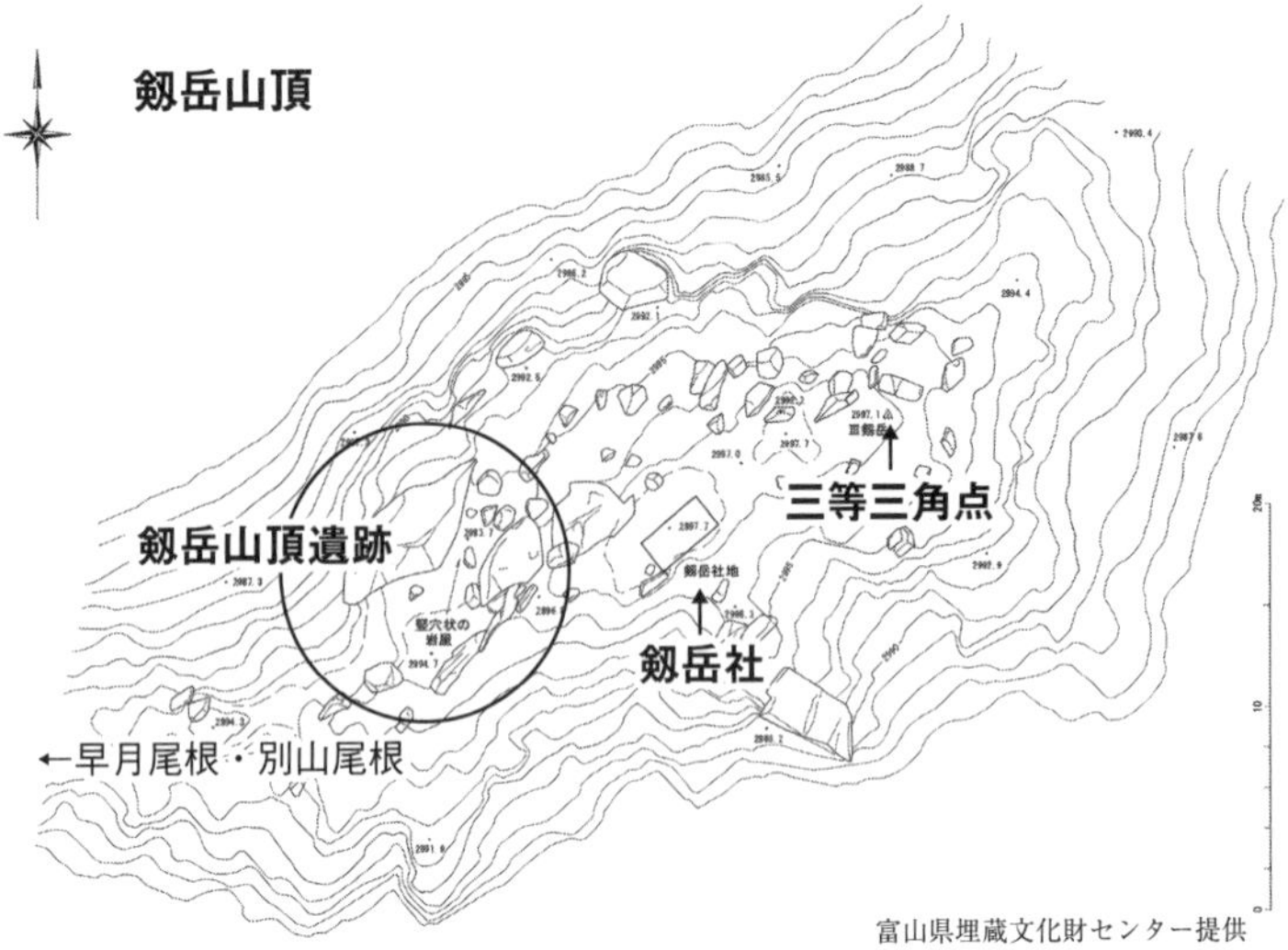

富山県埋蔵文化財センター提供

じる。剱岳の場合、西の剱岳社から東の三等三角点までがそれに該当する。

　そこでわたしは山頂遺跡から北東へ歩き、山頂と思える地点まで進んだ。周囲に何かないか探してみたが、他の場所と変わらず石が無造作に落ちているだけだ。せいぜい黄色いペンキで文字が書かれた岩やプレートが目につくぐらいで、古代の山伏が修行しそうな場所は見当たらない。

　現場を調べ、写真を撮ったりメモを取ったりしているうち、山頂での滞在時間はまもなく二時間になろうとしていた。不完全燃焼だがもう行かなければならない。わたしは荷物をまとめて下山を始めた。

　剣山荘から山道を下るにつれ剱岳は遠ざかっていく。剱岳を背にわたしは二度の探検登山について整理した。

古代の山伏がどのルートから登ったのか。また山頂にたどり着き、どこに錫杖頭と鉄剣を置いたのか。別山尾根ルートから山頂に登り、剱岳の謎・5W1Hのうち、「どの」と「どこ」を知る手がかりを得ようとした。

最大難所であるカニのたてばいとカニのよこばいで、わたしは鉄鎖やボルトに頼らずに進めるかを確かめようとした。二回試してみたが、結果はどちらも人工物に足や手をかけずに進むことは不可能だった。

現在、別山尾根ルートは剱岳の一般登山道とされるが、岩場に設置された鎖やボルトがなければロープや登攀技術を必要とするバリエーションコースと何ら変わらない。

カニのたてばい、よこばい以外にも危険はいたるところにあった。わたしは視界不良でルートから外れかけてしまったほどだ。登山道が絶壁や急傾斜の上を通っている剱岳では道を逸《そ》れただけで滑落や遭難の危険に直結する。

剱岳の初登頂者、つまり古代の山伏は別山尾根コースを通ったのだろうか。この疑問に対しわたしは懐疑的な印象を持った。柴崎隊でさえ別山尾根を選ばなかった。その理由は実際に難路を歩いてみるとよくわかる。

だがわたしの見解はあくまで山に精通しているわけではない現代人の感覚だ。剱岳に登った古代山伏の技量や精神力を推し量るのは難しいが、少なくともわたしとは比べ物にならない覚悟で臨んでいたはずだ。

古代の仏教徒は仏の供養、あるいは万人救済という崇高な願いを実現するためなら、自らの生命を捧げる捨身行《しゃしんぎょう》さえ辞さなかった。捨身とは崖の上から身を投げる、自殺行為同然の荒行だ。

例えば飢餓に耐えかねた母虎が自分の子虎を食べようとしているのを知った王子は崖から身を投じ自らの肉を食わせた。その逸話を描いた法隆寺所蔵の玉虫厨子《たまむしのずし》「捨身飼虎図《しゃしんしこず》」は捨身行が古代日本人の信仰心の下地にあったことを教える。

時代が異なれば価値観や思想は変わる。千年前の日本には現代の尺度ではおよそ計り知れない常識や社会通念があった。劒岳の謎解きに挑戦する以上、わたしはその点もわきまえておかなければならない。

もし劒岳のファーストクライマーが「命がけ」のレベルを通り越し、最初から「身を捨てる」決意で登頂したとするなら、カニのたてばい、よこばいはむしろ絶好の行場《ぎょうば》（修行場）となったはずだ。もし彼らが「滑落上等！」と命を捨てる覚悟で劒岳に登っていたのなら、もはやわたしの安全ルートを基準とする検証などお手上げだ。「どのルートから」という設問さえ意味をなさなくなる。劒岳は山頂に至る三六〇度、どのルートを通っても危険極まりない。

むしろわたしが登った別山尾根より、夏も雪が残る長次郎谷などの劒岳東面、あるいはさらに困難な北部稜線の方が捨て身の修行をする覚悟で来る者には願ったり叶ったりのコースと言える。

だが実際のところ山伏が捨身行を目的に劒岳を目指したとする根拠はない。わたしはあくまでも劒岳のファーストクライマーは山頂到着後、生きて帰ることを前提としていたと考えていく。

『立山・黒部山岳遺跡調査報告書』によれば長次郎谷の雪渓にある岩室で遺物は発見されなかったという。明治期の柴崎隊が登頂に成功したルートを平安期の山伏が通過したとする根拠は皆無だ。

やはり初登頂ルートは一番容易なものを選んだと考える方が理にかなう。とはいえ今は一般登山者で賑わう別山尾根も、鎖やボルトで整備されていなければ北部稜線のバリエーションコースと変わらない厳しい場所だとわかった。

ルート検証以外に、わたしは錫杖頭と鉄剣が見つかった剱岳絶頂の「Z地点」を探そうとした。手がかりになる「剱岳山頂遺跡」を確認したが、それは二つの巨岩に挟まれた露天の岩場で、記録にあるような雨をしのげるひさしや岩窟はない。

また最新の測量資料に基づいて距離や方向を検証してみたが、錫杖頭等が置かれていた絶頂ははっきりしなかった。

探し求める答えに対し、違和感ばかりが残った。

二度の山行は失敗だったのか。だとしたらもう三度目はない。

いや、現場を歩かなければ、このような違和感だって手に入らなかっただろう。それは答えではないかもしれないが、間違いなくわたしは探し求めるジグソーパズルのピースをいくつか手に入れた。

それらが何を意味し、どう繋がるのか――。

歴史的な背景から考えれば何かが見えてくるかもしれない。

第三章　立山開山と剱岳

二〇一六年九月二日。剱岳第二回目の山行を終えたわたしは室堂に戻ってきた。そこで「立山《たてやま》室堂《むろどう》　日本最古の山小屋」という標識が目にとまった。

「日本最古」という一言にわたしの想像力が刺激された。剱岳のファーストクライマーもその山小屋から出発したのかもしれない――。好奇心に導かれるまま標識の矢印が指し示す方向に向かっていく。

山小屋は木造二棟の建物だ。国指定重要文化財で中は資料室になっている。敷居をまたぐと柱がずいぶんと太く多いことに気がついた。豪雪地帯のため雪の重さで屋根が押しつぶされないように造られたのだ。

資料室をひと巡りするうち、わたしが抱いていた淡い妄想は打ち砕かれた。立山室堂に関する最古の資料は一六一七（元和三）年というから江戸初期だ。立山室堂が古代に存在していた根拠にはならない。

ところが資料室で手に取った『芦峅寺室堂遺跡　立山町文化財調査報告書第十八冊』（立山町教

育委員会　一九九四年）には次のように記されていた。

立山室堂遺跡から十世紀初め頃の立山町上末窯《うわずえがま》で焼成《しょうせい》した須恵器杯の破片二点が出土しており、この時期に室堂平への修行者の進出があったことを推測できる。

須恵器は窯を使用して千度以上の高温で焼成した素焼きの焼物だ。ろくろにより多量の製品が同一規格で作られるため、考古学では出土年代を推定する基準とされる。立山室堂のルーツは歴史の文献資料では江戸時代どまりだ。だが十世紀初めの遺物が発掘調査で見つかっていた。立山室堂ではその時代すでに何かしら人間の営みがあったわけである。

立山室堂　日本最古の山小屋

わたしは立山室堂を出た。近くに立山開山伝説の舞台となった玉殿岩屋《たまどのいわや》と、虚空蔵窟《こくうぞうくつ》の二つの岩窟がある。

標識に従って東へ向かい、崖下に降りるとすぐにたどり着いた。それは急斜面から切れ落ちた

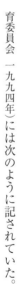

玉殿岩屋

虚空蔵窟

断崖の中腹にぽっかりと穴を開き、霊気を感じさせる。玉殿岩屋の西約十八メートルの断崖にある滝は聖地を清めるかのように水を落としていた。

一方、虚空蔵窟では入り口の前に仏像などが並ぶ。中に入れる玉殿岩屋と違い、こちらは祭壇だったのだろう。

わたしは玉殿岩屋に入ってみた。高さは一メートルもないので屈《かが》まなければならないが、奥行き四メートル前後、幅はその半分ほど。中に入って両手を広げても余裕があるくらいだから、数人の人間が同時に中に入れる。冷気と静寂が窟内を支配していた。

玉殿岩屋にまつわる伝説が『芦峅寺室堂遺跡』に記されている。

立山縁起《たてやまえんぎ》にある開山者、佐伯有頼《ありより》は、逃がした白鷹と弓で射た大熊を追い岩穴に入ろうとしたところ、白鷹と大熊は実はそれぞれ刀尾権現《たちおごんげん》（不動明王《ふどうみょうおう》）と阿弥陀如来《あみだにょらい》であることを知った。佐伯有頼は仏門に入り、立山を開山することになったという。

地元に古来伝わる立山開山縁起によれば、佐伯有頼は七〇一（大宝元）年に立山を開山したとされる。開山とは未踏峰に登り、神仏を迎えることで聖地化することだ。

剱岳は立山連峰に含まれるため、錫杖頭等を置いたファーストクライマーの正体を知るためには、立山を開山した者を確かめることが不可欠だ。

小説『劒岳・点の記』を書いた新田次郎も同じような思いを抱いていた。『劒岳・点の記』所収の取材手記「越中劒岳を見詰めながら」には、彼が立山と劔岳の関係について専門家に次のような問いを投げかける場面が出てくる。

「錫杖の頭と剣を劔岳頂上に奉納したのはいったい誰でしょうか。私には立山を開山したと伝えられている佐伯有頼のように考えられますが、その推察は危険でしょうか」

新田の質問に対して専門家はこう答えたという。

「錫杖の頭と剣が発見されたことは認めるが、それを佐伯有頼公が奉納したという説は絶対に成り立ちません。あなたはもっともっと、立山信仰の歴史を勉強すべきです」

一刀両断である。おそらくこの苦い体験から、新田は小説の中で劔岳ファーストクライマーの５Ｗ１Ｈに触れることを躊躇《ためら》ったのではないか。

だが錫杖頭と鉄剣の奉納者はなぜ佐伯有頼ではないのか。違うとするなら誰か――。疑問が残る。一方、立山の開山者が劔岳に最初に登った者だと想像するのは別段、突飛なことではなさそうだ。『山と信仰　立山』（廣瀬誠他　佼成出版社　一九九五年）には次のように記されている。

立山を開いた慈興上人《じこうしょうにん》が、剱岳にも足を延ばしたという見解もある。慈興上人であると考えれば、そのルートは別山尾根か、剱沢長次郎谷を利用したと思われる。

慈興上人とは誰か。その正体には三説ある。新田次郎が引き合いに出した佐伯有頼。その父の佐伯有若《ありわか》。さらに無名の猟師という記録だ。

それぞれの初出を調べると、佐伯有若の話が鎌倉時代初期の『伊呂波字類抄《いろはじるいしょう》』に、無名の猟師のものは鎌倉時代末頃の『類聚既験抄《るいじゅうきげんしょう》』、佐伯有頼を開山者とするのは江戸中期の『和漢三才図会《わかんさんさいずえ》』に出てくる。

伝説だけに史実性を疑問視する向きもあるが、その三者のうち佐伯有若だけは平安時代に実在が確認される人物だ。『立山・黒部山岳遺跡調査報告書』には次のように記されている。

延喜五年(九〇五)の『随心院文書《ずいしんいんもんじょ》』「佐伯院附属状」に従五位下佐伯宿祢有若が越中守として在任している(略)

佐伯有若を八世紀に立山開山をした有頼の父だとする立山縁起とは食い違うが、実在した有若は平安時代九世紀後半から十世紀初めの人で、越中守《えっちゅうのかみ》だった。

新田次郎の着眼点は荒唐無稽とも言えない。ただし彼は実在した確証のない有頼の名前を持ち出してしまった。それが専門家の反感を買う要因だったのかもしれない。

『山と信仰　立山』に記されるように慈興上人が剱岳に登ったとするなら、それは実在した佐伯有若で、ルートは別山尾根が有力候補ということになろうか。

ところで立山開山が佐伯有若によるものだとすると、素朴な疑問が湧き起こる。彼は越中守として中央から現在の富山県に派遣され、政務を執り行った人物である。つまり山伏でも、宗教家でもなく、地方の行政マンだ。そんな彼が立山の開山者となりうるのか。

だがわたしは意外な事実を知った。

「立山開山と佐伯氏の祈願――越中地域史研究の原点⑦――」久保尚文（『富山史壇　第一六八号』所収　越中史壇会　二〇一二年）によれば、佐伯氏は東大寺創建事業を指揮した佐伯今毛人《さえきのいまえみし》を祖先に持つという。

ゆえに有若には東大寺に象徴される国家鎮護、仏国土《ぶっこくど》の安寧《あんねい》の実現を祈願し、果たそうとする使命感があった。

そこから立山開山の目的が次のように読み解けるという。

立山開山は、無名狩人により立山登拝《とうはい》が開始されたことを意味しているのではなく、越中守である佐伯有若により、一国レベルの宗教行事である法会《ほうえ》において、後世に向けた祈願、メッセ

ージを伴って執行された祭事を意味している（略）

つまり立山開山とは一宗派の宗教行為や個人的な修行ではなく、国家鎮護の祭事であったという。ゆえに地方の行政マンである彼こそが積極的に関わったはずで、開山者とみなされるのは当然なのだ。

これまでわたしは未踏峰の山頂を極める開山は、特殊な登攀能力を持った山伏、あるいは宗教家のみがなし得る仕事であると考えていた。ところが開山は国家レベルの祭事であり、立山を領地として治める国司が果たした事業だった。

佐伯有若は未踏峰の立山連峰に登頂を果たしたスーパー国司だったのか。

いや、必ずしもその必要はないだろう。越中守として立山開山の事業主だった佐伯有若が開山者と見なされることはあっても、実際に山頂に立つ必要はないかもしれない。現在でも公共事業の事業主と現場作業を請け負う業者は異なる。

では現場の請負業者的な立場で立山開山に関わった者はいないのか。

立山開山の資料を読み進めるうち、わたしは佐伯有若と同時代の人で立山開山者と目される僧侶がいることを知った。『立山のいぶき――万葉集から近代登山事始めまで』（廣瀬誠　シー・エー・ピー　一九九二年）には次のように記されている。

天台宗園城寺《おんじょうじ》（三井寺《みいでら》）座主《ざす》で昌泰《しょうたい》二年（八九九）寂《じゃく》した康済律師《こうさいりつし》について「越前国人、紀氏、越中立山建立」と記す。

立山建立。これが何を意味するかは不明だが、立山開山という解釈も根強い。康済律師は天台宗の僧侶であり、彼こそが立山開山を担った請負業者的存在と言えるのかもしれない。彼は園城寺の座主という立場なので、彼もまた代表者として「立山建立」に関わり、実際に登ったのは配下の者だろう。

いずれにせよ伝説色の濃い立山開山だが、実在人物というフィルターにかけることで、越中守佐伯有若と天台座主康済律師の二人が浮上してきた。しかもその異なる立場や役職をみれば、二人のどちらかを立山開山者として二者択一のふるいにかける必要がない。

国家事業だった立山開山を地元の事業主として行ったのが佐伯有若なら、宗教的な祭事を請け負ったのが康済律師だった。佐伯有若が越中守として赴任していた記録があるのは九〇五年。康済律師が入寂《にゅうじゃく》したのは八九九年とされるので、二人が立山開山プロジェクトチームでそれぞれの役割を全うしたのは九世紀末頃だったのではないか。

『山岳霊場の考古学的研究』（時枝務　雄山閣　二〇一八年）には次のような指摘と考察が示されている。

最近、雄山山頂遺跡で九世紀の須恵器破片が採集されたことから、立山での山頂祭祀《さいし》の開始が九世紀に遡ることはまちがいないようである。

ここで一つの線が浮上してきた。

立山室堂遺跡やその背後に聳える雄山の山頂遺跡から出土した須恵器、立山開山者の候補とみなされる佐伯有若と康済律師。彼らの存在は史料から九世紀終わり頃と確認できる。立山開山は九世紀末とかなりの確度で言えそうである。

剱岳登頂は立山開山とどう関係するのだろうか。

立山開山の中で剱岳登頂が行われたとするなら、それも国レベルの宗教行事であり、祭事であったことになる。

剱岳を開山したのも佐伯有若と康済律師だったのか。

それを確かめるためには剱岳の山頂で見つかった錫杖頭や鉄剣の年代と照合しなければならない。剱岳の遺物の年代は立山が開山されたと思しい九世紀末に合致するかどうかという点だ。

室堂から富山市に戻った翌日、わたしは錫杖頭が展示されている立山町芦峅寺《あしくらじ》にある富山県の立山博物館へと向かった。

電鉄立山駅から電車に揺られることおよそ一時間。都合のいいバス便の接続がなく、下車した千垣《ちがき》駅から約二キロメートルの道のりを歩くことになった。ドライバーがアクセルを踏み込んで車を走らせるほどの登り道を歩くこと三十分。途中、わたしは道端で祠の石仏を見つけた。

それはかつて室堂、その先の立山連峰へと通じていた巡礼道に立つ石像仏だ。当時の古道はわたしが二度登った別山尾根ルートにも繋がる。かつて電車や車がない時代、各方面からやって来た修行者たちはこの山道を歩いた。それを思うと踏み出す一歩にさえ、先人への共感が立ち上がってくる。わたしは道に残されたはずの彼らの足跡を探すように坂道を進んだ。

やがて立山博物館が見えてきた。立山町芦峅寺にはその昔、霊山立山へ向かう者が立ち寄る多くの宿坊が軒を連ねていた。すでに修行者の姿は消え宿坊も絶えたが、建物が修復され博物館の隣に立っていた。

江戸時代後期に創建された教算坊《きょうさんぼう》は庭園が美しい。奥の間は「観想《かんそう》の間」と呼ばれ、立山信仰を絵解きして伝える立山曼荼羅が置かれていた。地獄図に示された燃えさかる業火や苦しむ人々の様子が胸に迫る。

かつてこの地を訪れた登拝者の気分の高揚や緊張感、その雰囲気を感じながら、立山博物館へと向かう。

入り口付近でわたしは館内の案内人に尋ねた。

「錫杖頭はどこに展示されてますか」

「第二展示室になります。こちらからご覧ください」

彼女は第一展示室の方向に手をさし向けた。

わたしは案内人を振り切り、第二展示室がある二階へ足早に向かった。思い焦がれた錫杖頭が

剱岳の銅錫杖頭　富山県［立山博物館］提供

この先にあるのだ。とても後回しにできるわけがない。階段を上り、「立山信仰の世界」と書かれた看板が見えてきた。

目当ての錫杖頭は展示室に入ったすぐのところに鎮座していた。

「これか！」わたしは胸の中で呟き近づいていった。ガラスケースぎりぎりまで顔を擦り寄せ、眺め入る。

剱岳の山頂で見つかった錫杖頭はうちわ形の外輪と、左右対称の蕨手《わらびて》形内輪を一筆書きしたような意匠だ。蕨手で包み込まれる棒状の中央部先端は水瓶形をしている。『特別陳列　笈《おい》と錫杖』（東京国立博物館　昭和五五年一月四日～三月二日　本館特別第三室　一九八〇年）によれば、このデザインは日本に現存する錫杖頭に類例がなく検証は難しいが製作年代は平安時代だという。

わたしは色に注目した。緑青がかっているところから青銅製であろう。緑青色は錫杖頭の美しさに風格を与える。長さは十三・四センチメートル、輪幅十・九センチメートル。大きさは手のひらに載るほどだ。

現物を見て思ったのは、「破損も腐食もせず意外にきれい」ということだ。剱岳の山頂は雨風を避ける場所がない。錫杖頭の状態のよさから日照りや雨ざらしの環境で千年耐え抜いたものとは思えない。どこか小さな岩穴にでも落ちていたか、奉納されていたはずだ。

錫杖は山伏が山野を巡行するとき、音や振動を立て熊や毒蛇の害から逃れるために持ち歩いたものだ。錫杖を振ると、「しゃくしゃく」と音を立てるので錫杖と名づけられ、振ることで煩悩を取り除き、智慧を得られるとも言われる。

展示台の上にはもうひとつ、錫杖頭と同時に発見された短剣があった。長さは全長二十四・六センチメートル（茎長二センチメートル）、幅一・七センチメートル。鉄製であり、全体に錆が広がっている。

現物を見て、素朴な疑問が立ち上がる。錫杖頭と鉄剣は同時に発見された。だが奉納された時期はどうだったのだろう。双方が同時に奉納されたのか、あるいは別の時代に個別に奉納されたのか。そこに謎解きの鍵が隠されているように思えた。

展示室には立山曼荼羅がいくつか置かれていた。どれを見ても剱岳は地獄の針山として描かれている。江戸時代後期に作成された大仙坊《だいせんぼう》A本では尖った岩場で人間が血を流し、苦しみ悶える様子が描かれている。

剱岳の鉄剣　富山県［立山博物館］提供

平安時代成立の『本朝法華験記《ほんちょうほっけげんき》』や『今昔物語集』には立山地獄の話が収められている。

其の谷に百千の出湯《いでゆ》有り。深き穴の中より湧出《わきい》づ。（中略）熱気満《あつきみち》て、人近付《ちかづ》き見るに極《きわめ》て恐し。

『今昔物語集　本朝部（上）〔全四冊〕』巻第十四　第七話（池上洵一編　岩波書店　二〇〇一年）

平安の昔から立山は地獄とされてきた。

展示室を見終わった後、わたしはあらかじめ約束をしていた学芸員の加藤基樹氏を訪ねた。

二〇〇七年九月二十五日の北日本新聞に「修験者いつ剱岳登頂？　明治四〇年発見の銅錫杖頭科学分析を開始」という見出しの記事が掲載されていた。わたしは分析方法や結果がどのようなものだったかを知りたいと思っていた。

剱岳錫杖頭の製作年代は、考古学者の高橋健自が「古式の錫杖」（『考古学雑誌　一巻七号』所収　日本考古学会編　一九一一年）の中で、「奈良朝の末葉乃至平安朝の初期」と推定し、それが定説のようになっている。形状や装飾などから年代感を判断しているため、主観的な推測に留まる。遺物を科学的に分析し絶対年代を確定するのが常識である現代にあって、錫杖頭の研究は旧態依然としている。その中で立山博物館が分析に着手したというのは貴重な試みだと思った。

山岳信仰の研究者である加藤氏は山伏や修験者の近寄りがたさとは対極のソフトな笑顔でわたしの前に姿を現した。

「やってみたまではいいんですが……」

彼はそう言い、わたしに『富山県剣岳山頂発見　錫杖頭の蛍光X線分析調査報告書』（元興寺文化財研究所　二〇〇八年）のコピーを手渡した。

蛍光X線分析は調査対象物にX線を照射することによって含まれている元素を同定する。それにより製作技法や製作地、製作年代を推定する手がかりを得ることができるという。

錫杖頭の製作年代は奈良期か、平安期か。当然のことながら、そこに世間の注目が集まった。分析の結果、錫杖頭から検出されたのは銅、鉄、鉛、錫、ヒ素の元素で、それが青銅製であることが判明した。だが奈良時代の青銅に特有のアンチモニー（レアメタルの一種）は検出されなかったという。また金メッキの痕跡を示す金の成分も確認されなかった。

「奈良時代説はないということですか」

わたしは加藤氏に直球を投げてみた。

「そこまで古いものではないでしょうね。立山信仰の歴史から見ても、平安期の方が自然だと思いますよ」

絶対年代が出ないもどかしさはあるが、博物館で手に入れた『富山県［立山博物館］北陸新幹線開業記念　立山の至宝展』（富山県［立山博物館］二〇一五年）は、劔岳の錫杖頭の製作時期を「平安時代初期」としている。

平安時代は都が平安京に移された七九四年から鎌倉幕府が成立する一一八五年（一一九二年と

も）まで三百九十一年もの長きにわたる。時代区分には様々な解釈があるが、本書では初期、中期、後期に三分割して考えていく。

初期（七九四〜八九四）の百年間は桓武天皇に代表される天皇が親政を行っていた時代で、奈良時代からの遣唐使が続き、空海や最澄が帰国して真言宗や天台宗を開いた。

中期（八九四〜一〇八六）は遣唐使が廃止された八九四年から院政期が始まる一〇八六年までの百九十二年間だ。藤原道長に代表される絢爛な貴族文化が花開いた時期である。

後期（一〇八六〜一一八五）は院政期から源平の戦いである一一五六年の保元の乱などを経て鎌倉時代が始まるまでの九十九年間だ。平清盛や源頼朝など武士が台頭し、騒乱の平安時代を象徴する。

この時代区分に剱岳の錫杖頭を当てはめてみると、製作時期とされる平安初期は日本の仏教界に大きな画期が訪れた時代であった。

それは立山開山の時期とみなされる九世紀末とも一致している。剱岳の錫杖頭の製作時期は平安初期とされるので、剱岳のファーストクライマーが山頂に立った時期も立山開山期と同じ平安初期として矛盾がない。

立山町の室堂を起点とする5W1Hに関して仮説が浮上してきた。

剱岳ファーストクライマーの謎

立山町起点
いつ　　　平安時代初期頃（九世紀末）
誰が　　　越中守佐伯有若（慈興上人）と天台座主康済
どのように　カニのたてばい、よこばいを通過する岩稜登攀
どの　　　別山尾根ルート
どこに　　Z地点（剱岳山頂遺跡の北東）
なぜ　　　国家鎮護の祭事に伴う立山開山のため

これまで不明だった具体的な時期や人物が候補に挙がり、鎮護国家という大義名分が剱岳初登頂の背景として見えてきた。

だが曖昧な点がないわけではない。ルートは別山尾根でいいのか。開山は捨身行とは話が違う。鎮護国家の祭事として死傷者を出すことは許されなかったはずだ。カニのたてばい、よこばいは危険すぎる。祭事を執り行った者は複数いただろうし、全員が岩登りのスペシャリストでなければ成し遂げられないことになる。

同じく国家事業とされた明治期陸地測量部の登攀でも別山尾根の岩稜登攀は選択されなかった。現代のように山道が整備されているならまだしも、未開拓の岩場を集団で登るには危険が伴う。国家事業なのだから失敗は認められない。より手堅いルートが選ばれた。

わたしは実際に登ってみて劔岳が古来、「地獄の針の山」であると信じられたことがよくわかった。カニのたてばいやよこばいに象徴される岩稜登攀はまさに地獄そのものだ。弘法大師でさえ登れなかったとされる地獄へわざわざ行く理由などないはずだ。

劔岳を中心として視野をもっと広げ、理解を深めなければ謎は解けないに違いない。

別山尾根ルートの５Ｗ１Ｈを検証したわたしは、次にもう一つの登山道、早月尾根ルートへと視点を移した。

第四章　もうひとつの山岳霊場

二〇一六年十一月。わたしは再び富山に戻ってきた。雪が降り始めた山にはもう入れないが、図書館での資料閲覧や地元の人から話を聞くなど調べものならたくさんある。

富山市でレンタカーを借り、東へ約十八キロメートル。わたしは滑川市と魚津市の境を流れる早月川《はやつきがわ》河口付近を目指した。常願寺川《じょうがんじがわ》や上市川などを越えしばらく走ると大きな河川敷が見えた。早月川の水量は少なかったが、水は澄み、流れに勢いがあった。車を停めて南東の空を見上げる。そこには巨大な壁のような立山連峰が屹立していた。この地に生き、時代を駆け抜けていった人々が目にした風景が変わらず今もある。

剱岳はいつから記録に登場するのか。

『立山のいぶき』によると最古の文字資料は豊臣秀吉の書状の中に登場する。

東は立山うば堂・つるぎの山麓迄悉《ことごと》く放火せしめ候

秀吉が越中に攻め込み佐々成政《さっさなりまさ》（通称 内蔵助《くらのすけ》 ?〜一五八八）を降伏に追いやった。その一五八五（天正一三）年に起きた富山の役に関する資料だ。秀吉は剱岳の山麓を焼き払えば、越中に大打撃を与えることができると考えていたようだ。剱岳がどれほどの要地であったかがわかる。

それにしても剱岳の名称が十六世紀までしか遡れないとは不思議である。平安期に誰かが登頂しているわけだから、その頃すでに認識されていたことは間違いない。記録がないだけか、当時の人が剱岳を「剱岳」と呼んでいなかった可能性もあるだろう。ならばどんな山名か——。

越中国の国庁《こくちょう》が現在の富山県に置かれたのは八世紀だ。中央から国司が派遣され、九〇五（延喜五）年に政務を執っていたのが立山開山に関わる佐伯有若だった。

彼の時代を一世紀半以上も遡った七四六（天平一八）年、この地に赴任してきた超有名な国司がいた。歌人として『万葉集』の編纂に関わった大伴家持（七一八?〜七八五）だ。彼は帰京するまでの五年間に二百二十三首の歌を詠んだ。

その中の一首（巻十七 四〇二四）に、早月川を詠んだ歌がある。

立山《たちやま》の雪し来《く》らしも延槻《はひつき》の川の渡瀬《わたりせ》鐙《あぶみ》 浸かすも

（『新訓万葉集 下巻〔全二冊〕』佐佐木信綱編 岩波書店 一九二七年）

雪解けで増水した早月川に馬で乗り入れ、鐙まで水に浸かった体験が題材となっている。

この歌の「たちやま」には立山と漢字を当てるのが一般的だが、音に従うなら「たち」とは太刀に通じ、剱岳だという説がある。

彼の歌に出てくる山は他に「多知夜麻」とも表記され、やはり「たちやま」と読まれる。

そもそも立山連峰には「たてやま」という名の山は存在しない。一般に立山登山と親しまれるのは雄山である。

大伴家持が詠んだ「たちやま」は雄山か剱岳か。わたしは早月川で大伴家持が歌を詠んだ立山連峰の見え方を検証しようと思ったのだ。

早月川周辺から見ると立山三山（雄山《おやま》、大汝山《おおなんじやま》、富士ノ折立《ふじのおりたて》）と毛勝《けかち》三山（猫又山《ねこまたやま》、釜谷山《かまたんやま》、毛勝山《けかちやま》）の間に位置する剱岳は尖った山頂が際立ち中心的な存在だ。立山連峰のセンターに立つのは剱岳である。

大伴家持が詠んだ「たちやま」を毛勝山とする説もある。だが「太刀山」のイメージ通り際立って鋭い山頂を天に向けるのは剱岳しかない。

大伴家持が生きた八世紀の奈良時代、山は遠くに鎮座する神として遥拝する対象だった。おそらくまだ「剱岳」と呼ばれていない時代、当時の人々は太刀のように天空に聳え立つ剱岳を中心とする連峰全体を「太刀山」と呼んだのだろう。

でもなぜ山が太刀とみなされたのか。

上市町から見る剱岳

疑問を胸にわたしは早月川河口から中新川郡《なかにいかわぐん》上市町《かみいちまち》へと向かった。道は山間の隘路《あいろ》にさしかかり、坂を登り始める。「そうめん」と書かれた看板を通り過ぎ、寺社の駐車場に到着した。

上市町にある真言密宗大本山大岩山日石寺《おおいわさんにっせきじ》には国指定重要文化財の磨崖仏《まがいぶつ》が鎮座している。高さ三メートルを超える不動明王像だ。

剱岳のファーストクライマー追跡において、不動明王は謎解きの鍵を握っている。立山開山の伝説には次のような一節があった。

「白鷹と大熊は実はそれぞれ刀尾権現（不動明王）と阿弥陀如来である」。白鷹とされる刀尾権現（不動明王）は地主神とされ、『伝説とやま』（高瀬重雄監修　北日本放送株式会社　一九七一年）には立山町で採録された次のような言い伝えが記されている。

白鷹は青空から翼を垂れて剣岳に舞いおりた

つまり剱岳は地主神とされる刀尾権現と同体であり、時代が下って不動明王とも繋がる。寺務所のガラス越しに中の人が見えた。わたしは扉を開いて挨拶した。寺の縁起や磨崖仏について知りたいとあらかじめ手紙を書いておいたのだ。

管長のお母様が笑顔で対応してくれた。

「手紙もらいましたよ。どれだけのイケメンが来るもんかなーって思ってました」

確かに手紙の差出人に「髙橋大輔」と書かれていたら「フィギュアスケーターから手紙が来たっ！」と誤解してしまうかもしれない。わたしは冗談でそんなことを考えたことはあったが、まさか手紙を開封する直前の一瞬でも、本気で考えた人がいるとは――。

「ファンなんですか」

わたしの問いかけに彼女は気を悪くしてはいないようだ。ならばチャンス到来！　とたたみかける。

「本物の髙橋大輔です」

わたしは「歴史や伝承を調べている」と自己紹介しても、大学教授等の堅実な肩書きを持っているわけではない。不用意に「探検家」と名乗れば怪訝な顔をされ煙たがられることもある。協力者を見つけるのは大変なのだ。ところが有名人と同姓同名というだけで親近感を覚えてくれる人がいた。

わたしのリクエストに対し、彼女は協力してくれそうな人を呼んでくれているという。その人

大岩山日石寺の不動明王像

が到着するまでの間、わたしは磨崖仏が鎮座する本堂を見ておこうと思った。すると建物に近づくなり不動明王と目が合ってしまった。

どこにも逃げられない……。そんな迫力と威圧に一瞬たじろぐ。

わたしは巨大な一枚岩をおおうように建てられた本堂に足を踏み入れた。彫られた不動明王の高さは三・四六メートル。上からギロリとした目で睨まれると審判でも受けるかのような神妙な気持ちになる。

不動明王は固い巌《いわ》の上に座し、右手に宝剣、左手に羂索《けんさく》を持つ。目は見開き、眉は吊り上がっている。上歯で下唇を噛んだ口から、うなり声が聞こえてきそうだ。

風神、雷神、閻魔《えんま》大王など恐ろしい神仏は多いが、不動明王は怖いだけではない。すがりつけば守ってくれそうな包容力がある。

大岩不動明王の周辺には四体の像が並ぶ。中央の不動明王に向かって右側に阿弥陀如来と矜羯《こんが》羅《ら》、左側に伝行基像（地蔵菩薩、慈興上人とも）と制吒迦《せいたか》が立つ。本来、不動明王の脇侍は矜羯羅と制吒迦であるが、そこに阿弥陀と伝行基像が加えられている。

大岩山日石寺の磨崖仏を詳しく調べると各像は彫法やサイズが異なり、大きく二つに区分できる。

1　不動明王、矜羯羅、制吒迦

2　阿弥陀如来、伝行基像

「大岩日石寺磨崖仏」田中義恭（『MUSEUM No.298　一月号　東京国立博物館美術誌』所収　一九七六年）を参照すると、1の不動明王を含む三体が彫られたのは十一世紀末から十二世紀初めの平安時代後期で、2の二体は平安末期から鎌倉前期の追刻と考えられる。他に年代不詳の文字が刻まれる。いずれも時代を隔ててここにやってきた人が残した痕跡だ。

わたしは本堂を出て周囲を歩き回ることにした。六本滝から下ると千巌渓《せんがんけい》と呼ばれる渓谷が見えてきた。奇岩や洞窟が各所にあり、山伏らが修行に打ち込んだ行場だ。山岳信仰の気配を今もリアルに感じさせ、座禅をする修行僧がどこかに潜んでいるかのようである。

日石寺の背後には小高い山がある。その京ヶ峰《きょうがみね》からは十二世紀の経塚が発見された。出土した経筒《きょうづつ》には「仁安二年丁亥　八月十日甲辰 願主 相存」と文字が記されていた。

仁安《にんあん》二年は一一六七年に当たる。何より目をひくのが「相存」という人物名だ。経巻を納めた願い主と劔岳の関係は不明だが、いきなり飛び出した年号と人名に少々興奮する。

大岩山日石寺は山伏たちが集う行場であり、経典が埋納された聖地でもあった。中でも磨崖の不動明王は昔から北陸地方の人々の信仰を集めてきた。『不動信仰事典』(宮坂宥勝編 戎光祥出版二〇〇六年)を参考にすると、大岩の不動明王を模刻したものは富山県内だけで四十一例もあり、その信仰は石川県、岐阜県、長野県に広がっている。

なぜ大岩が不動明王信仰の中心地となったのか。立山町の芦峅寺、岩峅《いわくらじ》寺を中心に栄えた立山信仰とはどんな関係にあるのか。素朴な疑問が湧き起こる。

わたしは近隣を一周して寺務所に戻った。ちょうど管長のお母様から呼ばれた人が到着したところであった。その男性は穏やかで人懐っこい微笑を見せ、上市町観光協会から来たと自己紹介した。事務局長の澤井俊哉さんだ。

一度話し始めると澤井さんは上市町にある古刹、神社、伝説についてとめどなく話し続けた。何よりわたしの関心をひいたのは上市町が劔岳の麓に位置しているため、それらの寺社や伝説が直接的あるいは間接的に劔岳に関係しているという点だ。それゆえ上市町の人は劔岳への思いが強い。

澤井さんと話しているうち、大岩に不動明王の磨崖仏があるのは劔岳との近さゆえだと思った。これまでわたしは別山尾根に登り、立山町で調査をしてきた。立山信仰では雄山が中心的存在であり劔岳はどこか二義的だ。

一方、上市町から見える劔岳は近く、大きく、圧倒的で迫力がある。上市町を流れる早月川は剱岳から直接流れてくるのだ。

『富山県歴史の道調査報告書――立山道――』（富山県教育委員会編　一九八一年）にも次のような指摘がある。

　岩峅・芦峅が立山の麓宮であったごとく、日石寺は剣岳の麓宮だったのであろう。

　剱岳山頂のファーストクライマーについて考えてみる。

　剱岳に登りたいという人間の本能が強く働くのは、よりはっきりと近くに見える上市町側である。眺望のいい麓から見ているうちに、山頂までのルートを目で追ってしまうほどだ。

　わたしと澤井さんの話がなかなか終わらないのを見た日石寺管長のお母様はわれわれに言った。

「だんごやさんに電話しといたから、そうめん食べてってよ」

　大岩の水はよく磨かれて角がなく、透き通っている。その清水こそがそうめんの喉越しを絶品にする。わたしは無心のまま一気に平らげ、澤井さんと時間が許すまで話した。

　次にわたしは上市町役場へと向かった。地元の文化財や遺跡などに詳しい教育委員会の三浦知徳さんと会うためだ。

　澤井さんとの会話や磨崖仏から、わたしは上市町と剱岳との直接的な繋がりに強いインスピレーションを得た。それは町に点在する他の文化財や遺跡からも裏づけられるだろうか。

最初に出かけたのは穴の谷霊場だ。天然水が湧く洞窟で、古来、聖域として崇拝されてきた。穴の谷を地元では「アナンタン」と呼ぶ。その水を飲んだ病人が快癒したり、沸かして風呂にして入ったら歩けなかった老婆が歩けるようになったりするなど不思議な効能の報告が相次いだ。いつしか霊水として知られるようになり、今では万病に効くとされる水を求めて全国から人がやって来る。

石段を下りると意外にも「秋田」と彫られた石碑が並んでいた。大館《おおだて》や鹿角《かづの》など秋田県北部の地名が見える。ここの水に頼った人が秋田にも多数いるらしい。

「実はわたしも秋田県の出身なんです」

三浦さんはわたしにそっと打ち明けるように言った。

取材相手が同郷者ならば百人力だ。プロジェクトの成功は約束されたも同然、と自信さえ芽生えてくる。

穴の谷霊場を中心に半径二・五キロメートル四方には、他にも信仰の痕跡をうかがわせる場所がある。護摩堂《ごまんどう》は弘法大師ゆかりの地で、現在も涸れることなく美水が流れ出る。また開谷集落は「カイダン」と読み、僧侶になるための授戒が行われる戒壇を連想させる。富山では「谷」を「ダン」と発音する。『常用字解［第二版］』（白川静 平凡社 二〇一二年）によれば、谷の字の上部八の形が重なっているのは、山脈が重なるように迫っている形を表す。下部は口ではなく、神に捧げる祝詞《のりと》を入れる器の形。谷は水源とみなされ祀られることが多かった。

祭壇が設けられる聖地であり、谷の字は山岳信仰と関係が深い。

富山で「谷」を「壇」と同じ「ダン」と発音するのは、そんな古い日本人の信仰の名残りを感じさせる。これもまた山岳信仰が盛んだった富山ゆえの文化財のひとつだろう。

穴の谷霊場からわれわれは一路、国指定史跡上市黒川《くろかわ》遺跡群へと向かった。そこには中世の寺院、墓地、経塚といった山岳信仰遺跡が集中している。穴の谷霊場から南西方向に約一キロメートル圏内という近さだ。

最初に訪れたのは伝真興寺《でんしんごうじ》跡《あと》と呼ばれる寺院遺跡だった。三浦さんはポケットからラジオを取り出して音量を上げた。よくクマが出没するのだという。山林に踏み込むとさっそく幹に残るクマの爪跡が目についた。

「歓迎の挨拶ってとこか……」

わたしは映画のセリフみたいなことを言ってみたが、本当に出会ったら冗談では済まない。

閑散とした山林を進み、不自然な平場が見えてきた。三浦さんは首を傾げながら言う。

「何かの建物があった場所なんでしょうね。こんな山深いところで何してたんだろうと思いますね」

階段状に切られた坂の上にはひときわ広い平場があり、石垣があったと思わせる石が転がっていた。そこが伝真興寺の本堂があった場所なのだろう。

三浦さんは寺の本堂、塔、堂宇《どうう》、池、山門などの推定地を教えてくれた。平凡な山の風景の中にそれらを見出す想像力がわたしにはない。

「本堂跡ならまだしも、なんで塔とか山門の跡までわかるんです？」

三浦さんの説明ではそれぞれの場所で出土した遺物の中に五輪塔の一部、鉄製の風鐸《ふうたく》などが含まれていた。五輪塔から山門、風鐸からは塔など、特徴ある遺物によって推定できるという。

なるほど。考古学者はそうやって忘れ去られた土地の記憶を復元していくのだ。わずか一点の出土物でも、推理と状況証拠の積み重ねで事実に迫る。まさに歴史はミステリーであり、考古学は犯罪捜査の鑑識そのものだ。

それにしても伝真興寺と「伝」がつくからには、何か言い伝えがあるはずだ。わたしの質問に三浦さんは答えた。

「遺跡が見つかる前から地元ではこの辺一帯を『フルデラ』って呼んでたんです」

わたしは古地名や伝承が登場してくると無性に嬉しくなる。無味乾燥な山林の平場に人間の血や魂が通っていることを実感できるからだ。寺がないのに「フルデラ」と伝承されていること自体、おもしろいではないか。

火の無いところに煙は立たず。なんらかの事情で寺は消滅してしまったが、事実を記憶に留めたいと願った地元民は地名に託し、後世のわれわれに存在を知らしめようとしたのだ。時代を超越した古人からの伝言を読み解いてこそ、歴史の真髄にこの指で触れることができる。

わたしは伝説や地名、言い伝えを一級資料と考える。声なき民衆の声が反映され、消し去られた歴史の残像が宿るからである。伝承や神話を欠いた歴史、考古学はそれ自体、フィクションのようなものだ。歴史は勝者が作るというが、それは象牙の塔の中で編まれる為政者に都合のいい物語でしかない。「フルデラ」と聞いて思わず身を前に乗り出したのは、そこに忘れ去られた歴史の存在を感じたからなのだ。

　フルデラの根拠を追って『新上市町誌』（新上市町誌編纂委員会編　上市町　二〇〇五年）を開いてみる。黒川に現存している本覚院《ほんがくいん》は富山市に移転した真興寺を継いだものという縁起を持ち、もとの真興寺（以下、伝真興寺）は九八六（寛和2）年に真興《しんこう》上人が庵を結んだことに始まるようだ。では真興上人とは何者か。資料が少ないゆえ、研究者も少ない。わたしは辛うじて二十五年前に書かれた論文を見つけた。「子島寺真興の宗教的環境――摂関期南都系仏教の動向に関する一考察――」追塩千尋（『佛教史學研究　第三十四巻第二号』所収　佛教史學會　一九九一年）だ。

　真興は平安時代中期の僧で大和、あるいは河内で九三四年（九三五年とも）に生まれ、七十年ほどの生涯を送り一〇〇四年に亡くなっている。真興は奈良興福寺の門を叩き、松室仲算《まつむろちゅうざん》の下で法相宗を学んだ。さらに吉野の仁賀《にんが》から真言密教や山岳修行の手ほどきを受けた。修行を積んだ彼は奈良県高市郡高取町にある子島寺《こじまでら》に入り、廃れていた法相宗の寺院を真言宗の道場としてよみがえらせ中興の祖として繁栄を築いたとされる。

　われわれは次に黒川上山墓跡《くろかわうえやまはかあと》へ向かった。

　山林の一角に円形、楕円形、方形、長方形の墳丘墓がひしめくように並んでいる。見つかっただけで六十七基もあったという。

墓穴のひとつで骨壺が露わになっていた。誰かの寝姿を見てしまったような間の悪さを感じる。寝ている人を起こしてはいけない。わたしは足音を立てないように忍び足で通り過ぎた。歴史を目撃するとはこんな衝撃をいうのだ。

「破損の危険があるんで普段はビニールシートをかけてあるんです」

調査のために外されていた絶好のタイミングでここに来たわたしは運が良かった。ビニールシートでおおわれていたら、そんな実感さえないまま、いずれ墓のことだって忘れてしまうに違いない。だが骨壺を見たことでわたしはそこに埋葬された人に出会ったかのような親近感を覚えた。

「誰なんでしょうね」

わたしの呟き声に三浦さんが反応した。

「田舎のしかもこんな山奥にね。本当に誰なんですかね」

『新上市町誌』には解答らしきことが書かれている。

「有力豪族、官人もしくは僧侶など、当時の支配層」

だが三浦さんは模範解答みたいなことを安易に口にしない。わたしの疑問に対して同じ疑問を繰り返す。

そこにわたしは無限のおもしろさを感じた。わかりきったような答えを安易に出せば人間の思考はそこで停止する。疑問、謎、好奇心はいつも寸どめだからこそ、追跡エクスタシーが生まれる。

この遺跡は昔から地元の人々の関心を集め、古墳群と考えられていたようだ。それが一九九四（平成六）年に始まった調査で十三世紀代をピークとする墳丘墓であると判明した。ちょうど時代の主人公が平安貴族から鎌倉武士にとって代わられる曖昧な時代だ。宗教界もその潮流に揉まれ、越中国にいた僧侶も例外ではなかった。

最後に三浦さんはわたしを円念寺《えんねんじ》山《やま》経塚へと案内した。

経塚と言えば大岩の日石寺にも京ヶ峰経塚があった。寺院や墓地なら想像はつくが、経塚に対するイメージは湧かない。

三浦さんの後について山道を登り切ると、平坦な尾根に出た。

その先端部でわたしは異様な光景を目にした。長さ四十メートルの区画が丸石でびっしりとおおわれている。

元からそこにあった石ではないことは一目で明らかだ。無造作に転がっているようだが、注意深く調べると規則正しい配列で、五つほどの石を円形に組み、中心部の穴に経巻が入った経筒を納めたらしい。そんな経塚が尾根上に合計二十四基並んでいる。

出土した珠洲焼《すずやき》から全ての経塚が十二世紀後半の二十〜三十年に集中して造営されたものであると判明した。

昔の人はなぜ経巻を地中に埋めたのか。

円念寺山経塚

一〇〇七（寛弘四）年、藤原道長が吉野金峯山《きんぷせん》（現在の大峰山山上ヶ岳《おおみねさんさんじょうがたけ》）に詣で、自ら書写した経巻を埋納した供養が日本最古の納経とされる。『日本仏教史 思想史としてのアプローチ』（末木文美士 新潮社 一九九二年）を参考にすると、平安時代の貴族は釈迦仏が亡くなって二千年後に当たる一〇五二（永承七）年に末《まっ》法《ぽう》、つまりこの世の終わりとなって仏《ぶっ》法《ぽう》が廃れる時代が始まると信じていた。

末法は一万年続き、その間に釈迦仏の後継とされる弥勒仏が出現する。その時に備えるため経典を地面に埋め、後代に伝え残そうとしたのだ。

平安期に末法思想が流行ったのは理由がある。都では疫病の流行、治安の乱れが恒常化していた。興福寺の僧兵が東大寺を襲い、延暦寺と園城寺の争いも熾烈を極めた。人々を救うはずの寺僧の横暴が末法の終末感を高めていた。

そんな時代背景から経塚の造営は十二世紀に盛行する。円念寺山経塚が造られた時代はまさにそのクライマックスに相当するのだ。

出土品の中で異彩を放っているのが、経塚の先端部で見つかった金銅製独《とっ》鈷《こ》杵《しょ》だ。錫杖頭と同じ密教法具のひとつであり、円念寺山経塚を開いた者の正体を知る手がかりとなる。

『溪《けい》嵐《らん》拾《じゅう》　葉《よう》集《しゅう》』光宗（『神道大系　論説編四　天台神道（下）』所収　神道大系編纂会編一九九三年）に独鈷杵が次のように記されている。

日本国其形如獨古

日本国土（本州島）は独鈷杵の形であるという。円念寺山経塚に奉納された独鈷杵は国家鎮護への祈りであることが象徴的に示されている。

「天候が良ければ、ここから劔岳が正面に見えるんです。今日は曇ってしまってますが……」

そう言う三浦さんの本意は、単なる「眺め」の話ではなさそうだ。円念寺山経塚がそこに造られた理由は劔岳が見えるという点にある。もし天気が良ければ劔岳が圧倒的な存在感で見える。劔岳の遥拝こそ、その立地と大いに関係があるはずだ。さらにそれは登拝の起点ともなったのではないか。

劔岳を神と崇める人にとって遥拝ポイントは聖地だった。それらの点を繋

円念寺山経塚で見つかった金銅製独鈷杵　上市町教育委員会提供

げば古代修行僧が山野を巡った古道が見つけ出せるに違いない。それは剱岳への登拝路であり、ファーストクライマーの道もそこに埋もれているはずだ。

わたしは三浦さんに相談してみた。

「剱岳の遥拝ポイントを知る方法はないもんですか。そこに古道が浮き上がってくると思うんです」

三浦さんは思い出したように答えた。

「ありますよ。剱岳の可視領域のＧＩＳデータ分析を行ったことがあります」

わたしは三浦さんにその資料をもらいたいと伝え、別れた。

上市黒川遺跡群について考えを巡らす。遺跡が存在した九世紀から十三世紀の間、真興上人が造営したとされる十世紀頃の伝真興寺は注目に値する。墓地と経塚を擁する黒川で宗教活動の中心となっていたのが伝真興寺である。

その開基とされる真興上人はなぜ黒川の地を選んだのか。伝説では彼が弘法大師ゆかりの護摩堂村弘法堂を参拝した帰りに庵を結んだのが始まりとされている。吉野で弘法大師を開祖とする真言密教や山岳修験を学んだ彼が高く聳える剱岳の存在を意識しなかったはずはない。

剱岳ファーストクライマーを上市町起点で考える場合、十世紀の真興上人こそ有力な候補となるであろう。さらに大岩の日石寺を含め上市町に存在する山岳霊場を剱岳のファーストクライマーの出発点として検討する価値は十分にある。

だが黒川や大岩から劔岳までは遠い。その間を埋めるような遺跡や証拠が見つからない限り、客観的な検証とは言えない。

「日本アルプスと其登路に就きて」高頭式（『山岳　第一年三號』所収　日本山岳會　一九〇六年）には、劔岳の登路について次のように記されている。

『日本地誌提要』に「ツルギガタケ、立山の北にあり、其脈連續す、同郡伊折《いおり》村より凡五里」とあれば、伊折方面より登攀を企てなば或は絶巓を極むるを得べきか

劔岳は伊折村から登れるとも読める。

伊折村はすでに廃村だが地図上に地名が残る。それは早月川の上流に位置し、劔岳に最も近い麓の集落だった。伊折とは聞き慣れない名前だが、元は山伏の「庵」に由来するとも言われる。行者の庵ならばそこが劔岳への前哨拠点だった可能性があり、明治初期の地誌に記されている点からも江戸期以前の地元民の記憶が反映されているかのようである。

立山信仰の中心地である芦峅寺、岩峅寺は常願寺川沿いにある。劔岳に通じる信仰の道が伊折にあったとするなら早月川に着目すべきだろう。

古地図を徹底的に調べ、さらに昔のことを知る人からも情報を得ていきたい。

わたしは次に上市町観光協会の澤井さんと合流して西田美術館を訪ねた。私設美術館の二階に

は特別の場所があるという。劔岳資料コーナーだ。机とソファが置かれた部屋の大きな窓は劔岳に向かう。雪をかぶった霊峰が上空を飛翔しているかのように見えた。書棚に並ぶのはどれも劔岳に関する本、地図、雑誌などだ。

まるで樹液を見つけたカブトムシのように、わたしは書棚の前から離れられなくなった。すでに富山には何度も来ている。富山市では県立図書館、市立図書館、公文書館にも通い、劔岳に関する資料はあらかた漁り尽くした感もある。

だが、それでもまだ見たこともない資料が次から次に見つかってしまう。それを手にとって読もうとソファに座ると目の前に劔岳が見えた。どっちに視線を置いたらいいのか、悩ましい。それにしても劔岳を徹底的に調べて歴史を探ろうというわたしにとっては願ってもない空間だ。劔岳と上市町の深い繋がりがなければこのような施設は生まれない。

やがて美術館長（当時）の山口松蔵さんがやって来た。彼は劔岳麓の伊折出身者だ。人生の苦楽を劔岳と共にしてきた。また資料コーナーを運営する武田宏さん、伊東保男さんらも集まってきた。澤井さんが声をかけてくれたのだ。

彼らには地元で生きてきた経験がある。資料には載っていない見聞を持っている。早月川の伊折から劔岳までの地域にどんな地名や伝説があるか。わたしはそれを聞きたいと思っていた。

『白萩小史』（石原與作編　白萩中学校　一九五五年）に掲載された古地図には劔岳の麓にたくさんの地名が記されている。それらは間違いなく人間の足跡であり、営みの証だ。

わたしは彼らの脳裏に浮かび、言葉となって発せられる記憶や伝聞をメモに取った。興味深いのは名前がついた岩場や奇岩だ。覚石、ゾロメキ、舟石、虎石、菊石《きくいし》。

それぞれの位置を確認し、地図にシールを貼っていく。すると伊折から剱岳早月尾根の登山口に当たる馬場島《ばんばじま》付近まで、早月川を遡上するように一本の道が浮上した。

また伊折橋のたもとから山側に延びる古道が千石まで通じていたこともわかった。千石はダム建設により湖底に沈んだが、現在は滝谷線と呼ばれる道を通り、東種、西種、骨原、浅生の集落を経て大岩に行けるという。大岩山日石寺から直線距離で東へ約八キロメートルの伊折まで古道が通じていた。

わたしは思わず体を前に乗り出した。山伏が大岩の日石寺から早月尾根を経て剱岳に向かう道があったのだ！

ではもうひとつ、山岳信仰の一大拠点だった黒川からはどうか。

上市黒川遺跡群のひとつに古道遺跡がある。護摩古道だ。黒川岸天《くろかわきってん》遺跡、護摩堂村巻《ごまどうむらまき》遺跡、護摩堂（蓑輪《みのわ》）城などの遺跡群を繋ぐように進めば、早月川へ抜けることも可能という。川を遡れば伊折に着き、馬場島へと至る。

黒川の山伏は護摩古道を経て早月川へ出ることが可能だったのかもしれない。今後実際に歩いて検証する必要はあるが、古地図や古老の記憶を繋ぎ合わせることで、現代の地図には載っていない道が浮かび上がってきた。それこそ古代山伏の道に違いない。

見えてきた！　わたしはそれまでの空想が実感に変わる、その境界線に立つ思いがした。

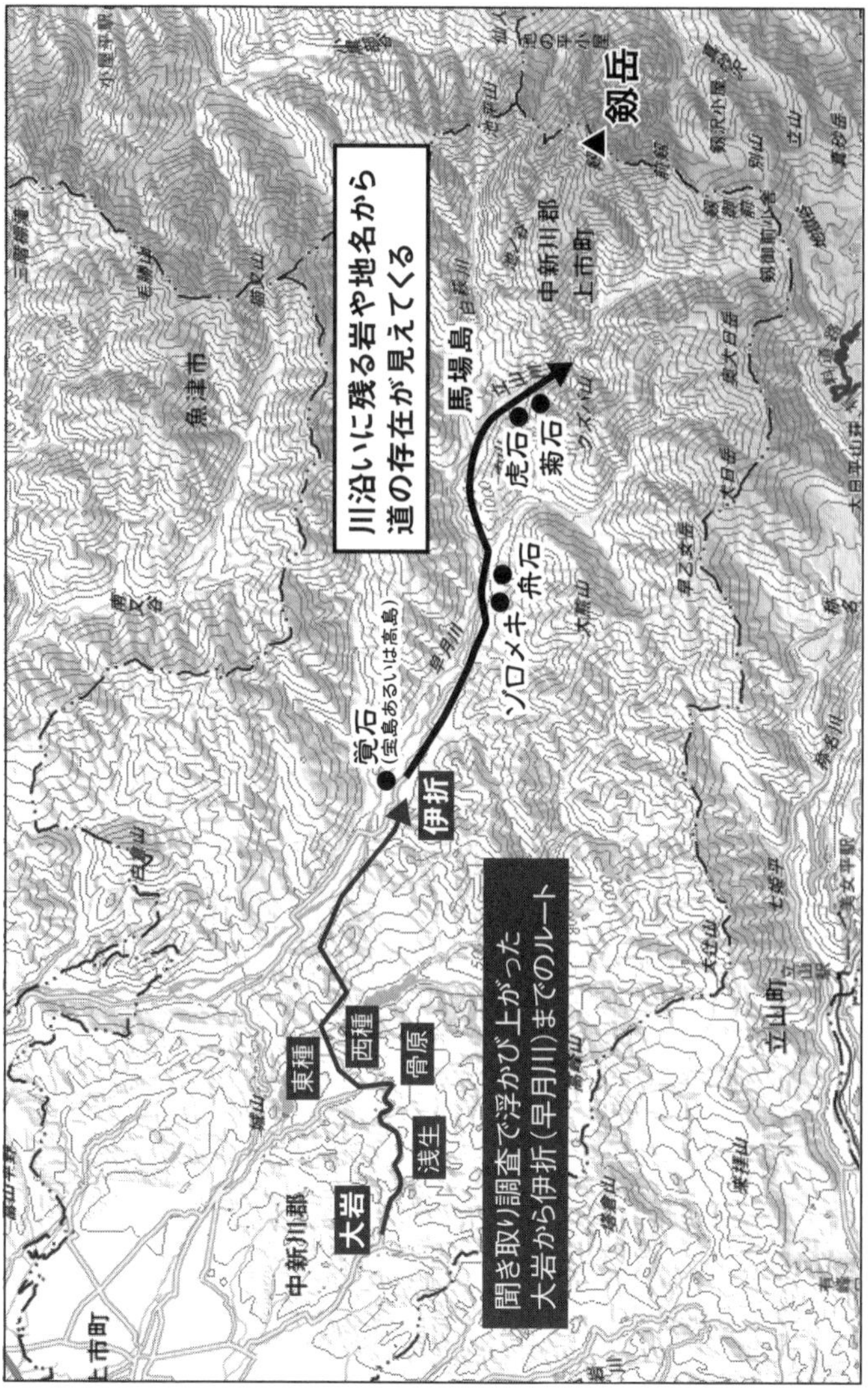
川沿いに残る岩や地名から
道の存在が見えてくる
聞き取り調査で浮かび上がった
大岩から伊折（早月川）までのルート
剱岳
馬場島
虎石
菊石
弁石
ゾロメキ
覚石
（宝島あるいは高島）
伊折
大岩
浅生
東種
西種
骨原
中新川郡
上市町
魚津市
立山町

第五章　失われた山の古道を求めて

上市黒川遺跡群と大岩山日石寺。それぞれの地から早月川の伊折まで古道が通じていたようだ。川を遡れば、劔岳登山の起点である馬場島にたどり着く。

もし劔岳のファーストクライマーが馬場島を拠点に劔岳に登頂したとするなら、早月尾根を登ったことになる。

これまでわたしは別山尾根コースから劔岳に登り現場検証してきた。だがもし古代の山伏が黒川や大岩を起点としたなら、わざわざ室堂を経由するようなまどろっこしいことはしていないだろう。目前に立ちはだかる劔岳に一歩、一歩と直線的に歩んでいったはずだ。

早月尾根は劔岳の北西に延びる長大な尾根で、富山湾に注ぐ早月川の上流に位置する。登山口となる標高七六〇メートルの馬場島から標高二九九九メートルの劔岳山頂まで、標高差二二〇〇メートル以上の急坂が休むことなく続く。その過酷さゆえに敬遠する登山者もいる。標高約二二〇〇メートルの早月小屋まで約五時間十分。早月小屋からは難所とされるカニのはさみなどを通過して約三時間二十分。およそ八時間半におよぶ直登の末、ようやく山頂に着く。

早月尾根周辺を描いた最古の記録を調べてみる。

江戸時代の古地図「上新川郡奥山廻巡道筋之内見取絵図」（富山県立図書館所蔵）に当時の山道が示されている。早月尾根の馬場島を起点に北を流れる白萩川《しらはぎがわ》を遡り、池ノ平山の向こうにある仙人温泉まで行く道だ。加賀藩の奥山廻《おくやままわ》り役が歩いた、いわば当時の山岳パトロールの足跡だ。

そのルートは現在の剱岳登山道では北部稜線に当たる。わたしは平安期の山伏がクライミング道具を持たなかったことから、北部稜線は候補から外していた。

ところが江戸時代の奥山廻りのコース上にある仙人温泉付近で石仏が発見されていたという。もし北部稜線に石仏という具体的な遺物があったのなら、古代山伏のルートとみなすのに有力な根拠となる。

だが『立山・黒部山岳遺跡調査報告書』により、その石仏は南北朝期のものではあるが、後世になって持ち込まれた線が濃厚と判断された。

現在でも登山者が少ない秘境であるだけにロマンをかき立てられるものの剱岳の初登頂ルートとしては説得力が十分ではない。

やはり現代でも一般登山者に利用される早月尾根の登山道が有力ではないか。

登山史上、早月尾根から初めて剱岳登頂に成功したのは一九一七（大正六）年の冠松次郎《かんむりまつじろう》（一八八三～一九七〇）だ。彼は東京生まれの登山家で黒部渓谷の全貌を明らかにしたことで知られる。

『劔岳』（冠松次郎 第一書房 一九二九年）には登山口が次のように記されている。

キワラ谷と云ふのであって、この大尾根へとりつく道筋になってゐる。

彼は白萩川のキワラ谷から尾根に取りつき、早月尾根を直登《ちょくとう》した。彼の記録は次のように続く。

立山側寄は巨岩の崖をなしているので、北側を絡んで少し登ると、榛莽《しんぼう》の平に一九二〇米突の三角石標がある。そこから上は全く人跡のない處（略）

冠松次郎は三角石標がある標高一九二〇メートル以上は人跡未踏と断言している。早月尾根で山伏の痕跡を探し出したいと願うわたしは夢を打ち砕かれる思いがした。

剱岳登山史において冠松次郎はパイオニアであり、存在そのものがレジェンドである。そんな彼の証言がわたしの目前に立ちはだかる壁となって出現した。

だが追跡が暗礁に乗り上げることはよくある。わたしは一拍おいて理由を考えてみる。情報や思考が間違っているなら軌道修正すればいい。問題は自分が正しい道を進んでいるにもかかわらず壁に阻まれてしまう場合だ。

そのようなとき、わたしは視点を変えてみる。目前に立ちはだかる壁は本当に壁なのか。離れて見れば「壁ではない」と気づくことがある。近視眼になり過ぎていると何でもないはずのことが壁に見え、行き詰まったと感じてしまう。視点をミクロからマクロへ。枝葉末節を凝視するのではなく、木を見る視線、さらには森として捉える視野、あるいは上空から森全体と周囲の環境を概観する視界へと移してみる。

わたしはあることに気がついた。冠松次郎は「標高一九二〇メートル以上は人跡未踏」と言っているだけで、それ以下の地域が未踏とまでは言っていない。

わたしが求めているのは古道である。標高一九二〇メートルの地点に人跡があるならそこまでは道が通じていたことになる。たとえ標高一九二〇メートル以下であっても早月尾根周辺に古代の人跡を発見できるなら、それだけで新発見ではないか。

冠松次郎の資料には標高一九二〇メートルの地点に「三角石標」つまり気和平《きわだいら》の三角点が置かれていたとある。

それは剱岳の山頂で古代の錫杖頭を発見した陸地測量部の柴崎芳太郎が設置した三等三角点だった。

つまり冠松次郎よりも前に、早月尾根に登ったのは柴崎芳太郎だったのだ。

柴崎は一八七六(明治九)年、山形県大石田町《おおいしだまち》に生まれた。二十歳頃に陸軍入隊後、満年齢で二十七歳のとき陸地測量手となり、三河・信濃地方の三角測量に従事するなどした。測量技術に加え、山歩きの経験と勘を鍛えた彼が剱岳の測量を行ったのは三十一歳のときだった。

『剱岳測量100年　100年の想い　時空を超えて』(国土交通省国土地理院北陸地方測量部編集・

発行　二〇〇八年）に背景が次のように記されている。

中部山岳地帯でも厳しく危険なために残された劔岳を中心とする「地図の空白地帯」に、三等三角点を設置する測量を行うことになった。

劔岳は明治末期まで登頂の記録がない地図の空白部だった。立山連峰の雄山に一等三角点が設置されたのは一八九四（明治二七）年のことだ。柴崎が劔岳山頂に到達する十三年も前のことになる。劔岳がいかに困難な山だったかがわかる。

明治44年頃の柴崎芳太郎　柴崎家提供

柴崎隊は前人未踏のはずの劔岳山頂に立つが、古代の錫杖頭と鉄剣を発見したために劔岳初登頂の栄誉を剝奪されてしまった。

いや、新田次郎が創作した小説のように彼のライバルが同時代の登山家ならまだしも、初登頂が古代人だったという現実は今なお多くの人々に衝撃を与える。

もちろん錫杖頭と鉄剣を劔岳山頂に置いた者が古代人だという根拠はない。わたしは調査を進める中で、それらは明治期の廃仏毀釈を逃れて山頂にもたらされたものではないかという推測を耳にした。だが歴史家は錆びた遺物の状態や、他の霊山で発掘された出土品と比較して、剱岳の錫杖頭や鉄剣は平安期頃の奉納品と判断するのが妥当だとしている。

柴崎隊は劒岳山頂に立つ以前、その周囲二十六ヶ所に三等三角点を設置した。三角点を多く設けることで、測量の精度を上げることができる。劒岳の登頂は彼らにとっては第二十七ヶ所目の三等三角点設置を目指したものだった。

彼らが一連の作業で最初に行ったのが「気和平」、つまり早月尾根の標高一九二〇メートルにおける三角点設置だった。

柴崎隊は白萩川のキワラ谷を登り、早月尾根の高台で気和平三角点を設置した。気和平とはキワラ谷を上ったところにある尾根という意味だろう。

ところが柴崎隊は最初に早月尾根に三角点を設けたにもかかわらず、劒岳登頂を果たしたのは早月尾根からではなく、室堂を起点とする長次郎谷からで、残雪を利用した登攀だった。

測量を目的とする彼らは計測用の計器ばかりか、高さ四・五メートルの覘標《てんぴょう》や幕営用の天幕、重さ六十四キログラムの三角点標石などを持ち上げなければならなかった。

彼らのルートの選び方は現在の登山家があえて難ルートを選ぶのとは対極的だ。より安全で確実なルートを選ぼうとした彼らはギリギリのせめぎ合いの中で「鉄製の爪あるカンジキを穿［履］いて」（「越中劍岳先登記」）山頂へ上がる道を選んだ。

だがあまりの険しさに彼らは三角点標石設置を断念した。三メートルあまりの覘標と周囲からの観測だけによる四等三角点に下方修正せざるを得なくなったという。

彼らの観測記録を何度となく読み返すうち、ふと疑問が湧いた。

柴崎隊はなぜ最初に早月尾根の気和平をターゲットにしたのか。彼らが早月尾根に注目し、最初に三角点を設置した理由があったはずである。

周辺に暮らす地域住民から十分な聞き取り調査をした柴崎は、早月尾根から剱岳に登れるとの情報を得ていたのではないか。

二〇一六年十一月。わたしは登山家の佐伯邦夫氏を訪ねた。

彼は剱岳を愛するあまり「剱岳地名大辞典」まで作ってしまった人だ。また剱岳錫杖頭の謎をテーマにした「剱岳頂上の錫杖頭の周辺」（『郷土の文化 二十五輯』所収 富山県郷土史会 二〇〇〇年）という論考もある。

彼はわたしの早月尾根説をどのように受けとめるだろう。意見を聞いてみたいと思ったのだ。

魚津市の自宅を訪ねると、暖炉では火が燃え、机の上にこれから出るという本の原稿が置いてあった。

「病気をした後はね、山へ行ってないんです。本を書いたり、写真展を開いたりして、これはこれで楽しくやってますよ」

体力的に面会は二時間までとされていたので、わたしはすぐに本題に入った。剱岳に錫杖頭を置いた人物が取ったルートについて彼はどんな考えを持っているかを尋ねた。

「全方位からの可能性があるだろうね」

佐伯さんが考える有力ルートはないという。そこでわたしは早月尾根について語った。山麓に上市黒川遺跡群などの山岳霊場遺跡があり、古道が馬場島辺りまで通じている。

わたしは彼に尋ねた。

「早月尾根周辺で山伏の拠点になりそうな場所を知ってませんか。洞窟とか、奇妙な岩とか」

「菊石とかスナクボ岩屋なら何度も行ったことがあるよ」

わたしは地図を出してその位置を確認した。いずれも馬場島から約二キロ圏内だ。

「いや、もっと奥です」

わたしの説明に、佐伯さんは何かを思い出したように頷き、立ち上がってファイルを取り出した。中から資料のコピーを取り出してわたしにさし向けた。

「あなたとこうして剱岳の歴史を話せるのは嬉しいな。これ、あげますよ」

タイトルには「越中剱山の探撿」瓦山人(『風俗画報　三百五十号』所収　一九〇六年)とある。彼は話し続けた。

「そこに書いてある通りなんだけど、柴崎隊の一年前に剱岳に登った人がいたんだ。登ったのはスナクボ岩屋より上流の毛勝谷《けかちだん》となっているね。もう随分前の話になるけど、わたしも毛勝谷から早月尾根に登ったことがあるんだ。だからこの記録はずっと気になっていてね」

わたしは彼が指さす資料の文字を目で追った。

芦峅寺の佐伯某と、同村の志村徳助（二十二歳）は鉱物を探すため大日岳に登り、そこで剱岳を仰ぎ見、「此山いかに嶮なりとも又人間の登り得ざる事よもあるまじ」と闘志を燃やしたという。そんな彼らが目をつけたのが早月尾根だった。

登山口を百方調査しけるに此山の裏手毛勝谷の東北面に當る所案外にも傾斜の緩なる所を認めける

「此山の裏手」と書いていることから、彼らは当初、剱岳の東面、つまり柴崎隊が通った長次郎谷などを偵察したのだろう。最終的にはその裏側に当たる早月尾根の毛勝谷に着目したことが行間からも読み取れる。彼らは毛勝谷から剱岳を目指して登り始めた。

傾斜やゝ緩なりと思ひしは比較的の言に過《すぎ》ずして進む事暫時忽ちに塹岩掌を立てしに似たる所に出《いで》たり尋常の岩石なりせば到底登攀するに由なし

偵察では「楽勝」と高をくくっていたが、実際その場に立つと、容易に登攀できるような状態ではなかった。だが、彼らは諦めなかった。

断岸一面に高さ尺余りのハイ松の鬱茂せるを幸ひ之を天然の梯子に代へ辛うじて此難所を登り尽せば約半里の傾斜地あり之を過《す》ぐれば頂上に出づ

彼らは絶壁に阻まれはしたものの、ハイマツに両手足をかけて、ハシゴのように攀じ登り山頂まで登り切ったという。

これは願ってもない情報だ。柴崎隊の一年前に当たる一九〇六(明治三九)年、毛勝谷から現在の早月尾根に取りつき剱岳登頂に成功した者がいたという。わたしは地図で毛勝谷の位置を確認した。馬場島から立山川《たてやまがわ》を遡り、約四キロメートルほどのところに位置する。

佐伯邦夫さんの毛勝谷登攀は自著『剱岳をどう登るか』に記されている。兄である佐伯郁夫氏らと一九五六(昭和三一)年から一九五九(昭和三四)年までに、未踏だった右俣《みぎまた》から早月尾根、ドーム尾根、左俣《ひだりまた》本谷と右岸の岩壁にチャレンジした。毛勝谷に対する印象が次のように吐露されている。

暗い谷の中の悪場で、そして登りつくところは尖峰《せんぽう》の絶頂ではなくてブッシュ地帯なのだ。未登へのあこがれと毛勝谷に対する失望が妙にうらはらな気持ちであった。

佐伯某らが剱岳に登ったという毛勝谷は岩場に出るまでは草をつかんで坂を登るヤブ漕《こ》ぎだった。その条件はロープさえ持たない平安時代の仏僧が登れるルートであることを匂わせる。佐伯邦夫さんたちは時に、古道を見つけることもあったという。

昔の硫黄搬出の道跡と思われるものを見つける。あたりは背たけをはるかに越すイタドリが生い茂っているが、旧道のところだけわずかに歩き易い。道を見失っても、右岸の堆石台地をどんどんイタドリをなぎたおして進むと、また道らしきものに出る。

彼らは未登攀岩壁に取りつき、苦難の末、見事に成し遂げた。アルピニズムの技術と装備を最大限に活かしつつ、肉体と精神をかけて大自然の障壁に勝利したのだ。それはわたしが求める古代山伏の登山とは対極にある。だが、彼らはその道程で昔の山人が踏みならした古道を見つけていた。

立山川に江戸期の古道が通じていたことは、『立山のいぶき』にも書かれている。立山地獄谷（室堂平）から硫黄が運ばれた。

文政七年には、下青出村《しもあおいで》（現上市町）の平四郎が願い出て、硫黄掘出製法主附を申しつけられた。以後、岩峅・芦峅のコースを避け、室堂乗越から早月谷へ運び下ろし、馬場島付近で精錬し（中略）昭和四十年ごろは馬場島付近になお江戸時代の硫黄製錬の大鍋が残り、また壊れた鍋の破片もそこここに落ちていた。

資料や登山家の見聞を総合すると、早月尾根の南西部を流れる立山川には随分と古い時代の痕跡がありそうだ。江戸時代に硫黄搬出の作業道まであったとすれば、柴崎隊がそのルートに目をつけるのは当然だ。彼らが山に運び上げなければならない計器や装備は、硫黄搬出に従事した江戸期の人が往来した歩道を必要とするレベルだ。

わたしは毛勝谷に照準を合わせることにした。

佐伯邦夫さんが初登攀した崖はロッククライミングの岩場だ。それはクライミング道具を持たない一九〇六（明治三九）年の佐伯某、志村徳助らの登攀ルートとは異なるはずだ。より難しいルートを選ぶ現代の登山者とは異なり、佐伯某らが選んだルートは往古の山伏がたどった道と同種であろう。もしそれが見つかれば、案外、山伏の古道も近くに見つけられるかもしれない。

わたしが次に富山に戻ったのは年明けの二〇一七年一月だった。これで富山との行き来も五回目になる。わたしは上市駅構内にある観光協会へ行き、澤井さんを訪ねた。毎年二月に開催される祭りの準備で忙しいらしいが、わたしの取材に協力し、行きたいところへは車を出してくれるという。

最初に白萩南部公民館へと向かう。館長の廣田弘義氏は七十五歳（当時）を数えているが、毎年一度は剱岳に登るという。広間の座敷に座り、出された緑茶をすすりながら話を聞く。山伏の拠点はないものかという漠然とした投げかけにも、実のある答えが返ってくる。

「三枚滝で仏像を見たことがあるよ。昔の話だ。三枚滝って言えば、隕石が見つかったとこだ」

「えっ、仏像！」「い、隕石？」思わず身を乗り出してしまう。仏像と隕石が見つかるなら一挙両得ではないか。これはもう行くしかない。

「案内お願いできませんか？」

わたしは館長にそう問いかけた。話を話のまま留めておけないわたしに館長は少々苦笑いをする。

廣田さんは公民館に昔からある古地図を出して見せてくれた。裏打ちされた巻物の大地図だ。二畳ほどの大きさはあろうか。タイトルは「白萩区全圖」と書かれ、作成された年は明らかではない。ただし剱岳の標高が現在の二九九九メートルではなく、三〇〇三メートルと記されている。「剱岳測量１００年記念　1:30,000　山岳集成図　劔・立山」（国土地理院調査・編集　日本地図センター　二〇〇七年）には剱岳の標高のバラツキについて説明がある。剱岳の標高は三等三角点が設置されなかったため、測量方法の違いにより大正から平成にかけて標高が二転三転した。標高三〇〇三メートルとされているのは昭和七年と三二年の地図だ。その後、昭和四五年の地図で標高二九九八メートルとなる。つまり「白萩区全圖」が作成されたのは一九三二（昭和七）年から一九七〇（昭和四五）年までの間ということになる。

わたしは「白萩区全圖」で気和平の三角点の位置を確かめてみた。標高は一九二六・七メートルと微妙に数字が合っていないが、確かに早月尾根の山道上にある。そしてその山道を直角に横切るように別の破線が延び、一方は白萩川へ、もう一方は立山川に落ち込んでいる。この破線が何を意味しているのかわからない。凡例から国有地境界と思われるが、破線は一メートル以下の小径や計画林道も表している。正確にはどちらを指すか悩ましいところだ。気和平の三角点周辺には様々な時代のものが吹きだまっているという印象を持った。

わたしは公民館を出て、澤井さんの車で西田美術館へと向かった。館長の山口松蔵さんの計らいで、古い山の写真を見せてもらえることになった（写真1・2）。

『立山とガイドたち――秘められた近代登山記録――』（北日本新聞社編　北日本新聞社　一九七三年）によれば、白萩村、現在の上市町には昭和初期に「劔岳登山案内人組合」と呼ばれる登山ガイド組織が存在していた。

立山の山岳ガイドと言えば、柴崎隊の劔岳登頂をサポートした宇治長次郎をはじめ佐伯平蔵、佐伯源次郎など劔岳東面に名前が刻まれたガイドが知られる。彼らの前身は立山禅定《たてやまぜんじょう》に訪れた信者を霊場に案内した「仲語《ちゅうご》」と呼ばれる人たちだ。芦峅寺、岩峅寺の家系が中心となっていたが、劔岳の西面である白萩村にも登山案内人がいたのである。

『立山とガイドたち』によれば、白萩のガイドのリーダーは丸太丈次郎といい、彼は猟師、鉱石探索の名人としても知られ、早月尾根を中心とした劔岳案内の第一人者だった。他に二十二人の

昭和12年の剱岳山頂（写真１）個人蔵

昭和12年の雄山山頂（写真２）個人蔵

名前が載るが、そのうち六人が伊折出身者だ。

アルバムの写真は記念写真や集合写真がメインだが、昭和一二年の山頂の様子を伝えるものが見つかった。山頂には小さな祠と「剣山」と記された看板があった。右奥には柴崎隊が設置した覘標も見える（写真1）。

冠松次郎は著書『劔岳』に「劔岳の絶嶺には四等三角點《てん》の標杙《ひょうぐい》が立っている。以前はそれだけであったが、大正十五年の夏新たに宮を安置し、標杙にはどう間違ったか劔岳を剣山と書きつけた板が打ちつけられた」と書いているが、写真の「剣山」から、祠は大正一五年に設置されたものとわかる。

これらの写真や資料から白萩村を拠点とした登山ガイド組織の存在が明らかとなった。彼らの祖先は古くから劔岳の麓に暮らし山仕事を生業としてきた者だろう。早月尾根から劔岳山頂を目指すことはごく自然なことと思われる。

写真を拝見した後、劔岳資料コーナーで資料の掘り起こしを始める。劣化した紙の資料をまとめて収めたファイルの中に見慣れない地図を見つけた。

「1967－（11th）8・18－8・22全国高等学校登山大会地図（立山・劔岳・薬師岳）」（富山県高等学校体育保健学会　一九六七年）。登山競技で使用するために作成された地図だ。

わたしは一瞥しただけで衝撃を受けた。それまで見たどの地図よりも情報量が多い。地名がびっしりと赤で書き込まれている。これまで立山川の河岸においては、地図上に菊石とスナクボ岩屋という地名を見かけるぐらいだったが、この地図では立山川沿いに、十四もの地名が並んでいる。「東小糸谷」「水上谷」「菊石」「キクワウチ」「カラ谷」「一本取谷」「丸出し」「赤ガレ谷」「堀ノ内」「スナクボ」「ヒコザ谷」「ガキガンドウ」「ハゲマンザイ」「毛勝谷」。圧巻だ。それにしても奇妙で曰くありげな地名がずらりと並ぶ。

登山家・佐伯邦夫さんの毛勝谷初登攀記では滝を「F」、つまり英語で言うフォールの頭文字で呼び、便宜上「F1」「F2」などと命名していた。

また初登を果たして思い入れがあるはずの谷筋にしても右にあるから「右俣」、左にあるから「左俣」と実にドライな呼び方だ。まさにアルピニズムに基づく、山を巨大な無機物とみなすスタイルが貫かれている。

一方、わたしが見つけた地図の地名には山を有機体、あるいは御神体と崇めるかのような伝説的で主観的、そんな濃い香りが立ち込めている。「丸出し」と聞けば、何を丸出しなのかと勘ぐってしまうし、「ガキガンドウ」や「ハゲマンザイ」に至っては意味不明ながら、ただごとでは済まされない鬼気迫る気配が語感ににじむ。

地図上で早月尾根の気和平三角点を確認してみる。標高一九二〇・七メートル。その少し東に避難小屋がある。地図を俯瞰的に眺めると早月尾根の気和平三角点に向かって、北の白萩川からキワラ谷が延びる。一方、南に位置する立山川のハゲマンザイからも谷筋が繋がる。つまり、キワラ谷とハゲマンザイの谷筋は気和平三角点付近で合流しているかのように見える。それは読図上、たまに起きるちょっとした目の錯覚かもしれない。

いや、幻影ではなかろう。わたしは白萩南部公民館で見せてもらった「白萩区全圖」を思い出した。

キワラ谷——気和平三角点——ハゲマンザイ。

ちょうどそのライン付近に破線が描かれていたではないか。単なる国有地境界を示すラインにすぎないかもしれないが、それは「白萩区全圖」が作成された昭和期の定義であり、中世の頃には道だったかもしれない。

それを妄想と一笑に付すわけにはいかない。何よりキワラ谷——気和平三角点は柴崎隊と冠松次郎が実際に登ったルートである。ハゲマンザイ——気和平三角点も昔の人が通った可能性は捨てきれない。

とりわけ山岳信仰の山伏の場合、劔岳を神と崇め、遥拝しながら山道を進んだはずだ。現在のように馬場島から早月尾根に登ることができず、北のキワラ谷か南のハゲマンザイから進むと仮定した場合、劔岳の遥拝に適するのはどちらか。

上市町教育委員会の三浦知徳さんから届いた劔岳の可視領域地図を参照してみる。キワラ谷は尾根に隠れて劔岳の眺望は絶望的である。一方、立山川からハゲマンザイの谷筋を登る道筋は劔岳の遥拝可能エリアを通過する。

山伏が通る踏み分け道は山の尾根筋にあった。だが現実的に水の確保が死活問題だ。早月尾根

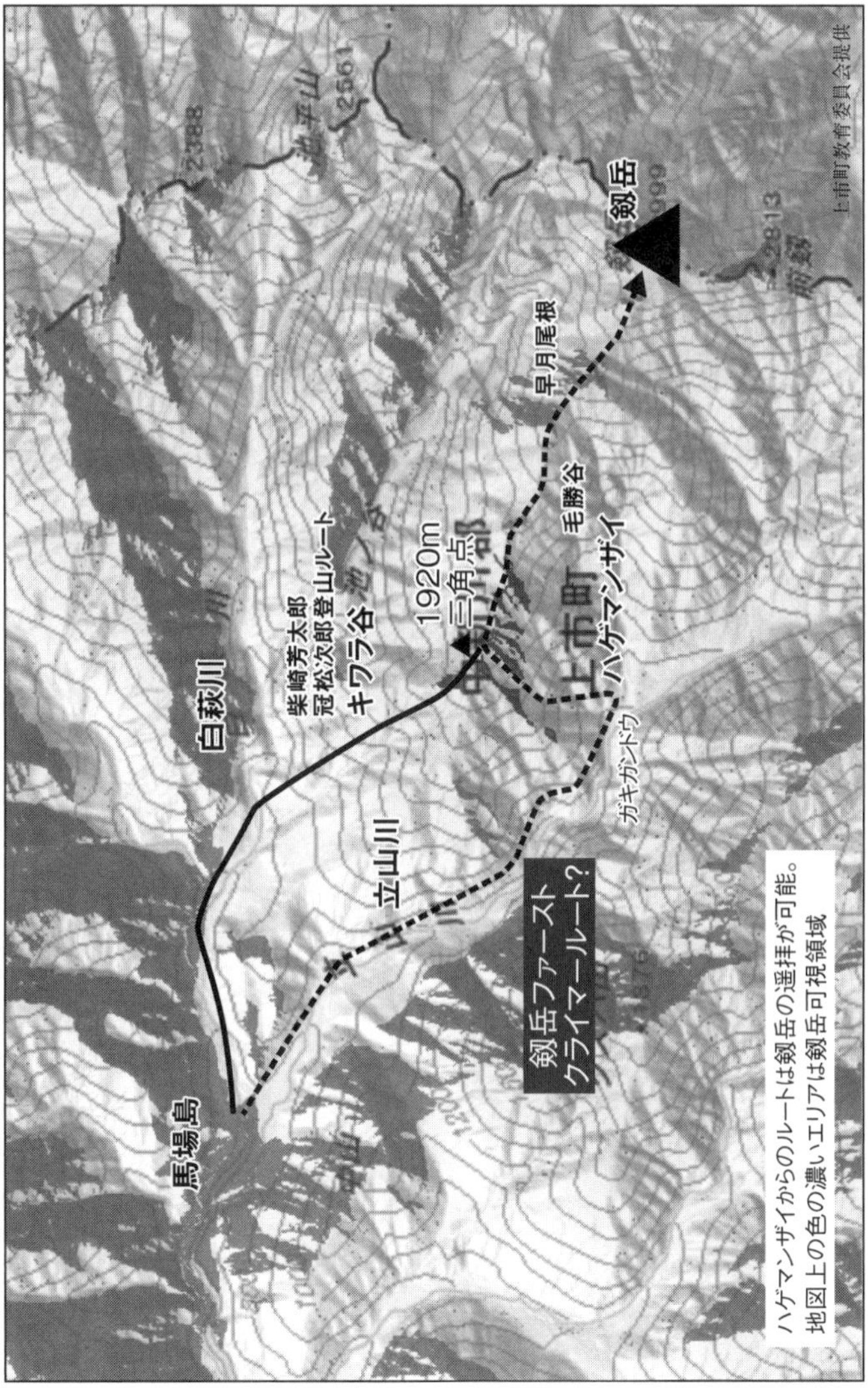
馬場島
白萩川
柴崎芳太郎
冠松次郎登山ルート
キワラ谷
1920m
三角点
上市町
毛勝谷
早月尾根
剱岳
立山川
ガキガンドウ
ハゲマンザイ
剱岳ファースト
クライマールート？
ハゲマンザイからのルートは剱岳の遥拝が可能。
地図上の色の濃いエリアは剱岳可視領域
上市町教育委員会提供

には水場がないため、できるだけ川筋を進み山頂までの最短距離で尾根に出たことが考えられる。その点では白萩川、立山川ともに問題ない。だが剱岳の遥拝というもう一つの条件を求めるなら、キワラ谷ではなくハゲマンザイが選択されたはずだ。

わたしは上市町を起点とする剱岳ファーストクライマーの5W1Hをまとめてみた。

剱岳ファーストクライマーの謎

上市町起点

いつ　平安時代中期（十～十一世紀）

誰が　伝真興寺の開祖 真興上人

どのように　早月川を遡り、ハゲマンザイからのヤブ漕ぎ

どの　早月尾根ルート

どこに　Z地点（剱岳山頂遺跡の北東）

なぜ　上市黒川遺跡群や大岩山日石寺の祭事に伴う剱岳開山のため

西田美術館を後にし、澤井さんと上市駅の駅ビルにある居酒屋に入った。「剱茶屋」という名前に親しみを覚える。

澤井さんは常連らしく店主を「大将」と呼び、わたしを紹介するとカウンター席に着いた。夫

婦で切り盛りをしている気のおけない店には温かい空気があった。澤井さんはわたしに地酒の「白萩」を勧めた。上市町白萩地区で栽培された酒米で醸した酒だ。口当たりはお仕着せがましいところがなく、華やいだ香りが余韻を生み出す。角がない上質さは劒岳で磨き抜かれた清水で育てられたコメの旨味そのものだ。何よりつまみが欲しくなる。冬の富山湾で揚がった脂がのった魚介はもちろん、ほろ苦さがクセになる山菜料理、おでんやホルモンの煮込みなど、何が来ても相性がいい。劒岳の恵みはこんなところにもある。いや、手間ひま惜しまずに造られた酒こそ、地域の物語そのものであり、劒岳からの贈り物なのだ。

わたしは酒を口に含み、澤井さんに話しかけた。

「劒って、憧れの象徴みたいな山ですよね。そんな劒を毎日見て生きるって、とんでもなく贅沢な人生なんじゃないかな」

「地元の人はね、そこまで有り難み感じてないような」

澤井さんの答えは地元民の感覚そのままだろう。劒岳の麓に暮らし、たとえそれが郷土の山だとしても容易に登れる場所ではない。それは近くて、とても遠い存在のはずだ。

「でもね、朝起きて、空を見上げたら劒がそこにあるって、やっぱりとんでもないことだと思うんだけどなあ」

わたしが感じていたのは山と人間の関係だった。山だからといって登る必要はない。「そこに山があるから」という登山家のセリフは万人のための言葉ではない。山岳信仰には「遥拝」と

「登拝」という礼拝の違いがあるが、それらに優劣はつかない。

剱岳にやって来る登山者の主たる目的は登頂のはずだ。だが、彼らとて登るだけの剱岳では満足感は得られないだろう。道すがら剱岳を仰ぎ見る時間が長いほど、心は満たされる。登山者でさえ遥拝を求めているところがある。だからこそ、たとえ無意識であっても剱岳を毎日遥拝するように暮らす上市町の人は他地域の人とは違う精神的支柱を持っているはずだ。

現代の日本人は山を遥拝する美学を知らない。それを登山の喜びと同格、あるいはそれ以上の体験として語る文化を持っていない。だが、昔の人は山のそんな文化を確かに持っていた。大伴家持が詠んだ数々の和歌がそれを教える。

『万葉集』（巻十七　四〇〇一）に夏の立山を愛でる歌が登場する。

立山《たち》にふり置ける雪を常夏《とこなつ》に見れども飽かず神《かむ》からならし

立山はやはり登る対象ではなく対峙するもの、いや真剣に向き合うばかりではなく、暮らしの舞台背景にある自分や家族、地域を見守る神だった。

わたしは澤井さんに尋ねてみた。

「天気によっては剱はまるで見えませんよね。一年三百六十五日のうち上市町にいる人はどれだけ剱岳が見られるんでしょう」

澤井さんも具体的に確かめたことがなかったという。

「明日から観察してみますよ。カレンダーにでも印をつけていこうかな。娘とやったら、いい日課になるかも」

第六章　立山三山をゆく

気がつけば剱岳に二週連続で登ってから一年以上が経っていた。

二〇一七年十月、わたしは早朝の地鉄電車で室堂に到着した。

天気は快晴だ。目前には秋空に聳える立山連峰が近づいてきた。わたしは神々しい山々の威容を崇《あが》めた。

考えてみればこの「崇」という字は「山」に「宗」と書く。山を神として礼拝する山岳信仰の精神を一字で表したような漢字だ。

「崇」と似て間違えそうになる字に「祟」がある。「出」と「示」を書いて「たたる」と読む。立山信仰を考えるとき、山を神仏の坐す地として崇める一方、人間に祟りをもたらす地獄を前にする心持ちになる。崇と祟が混在するような複雑な気分を覚える。

これまでわたしは剱岳山頂に錫杖頭等を残したファーストクライマーの謎に挑んできた。立山町と上市町をそれぞれ起点とする二つの５Ｗ１Ｈが出そろった。

立山町起点説

いつ　平安時代初期頃（九世紀末）

誰が　越中守佐伯有若（慈興上人）と天台座主康済

どのように　カニのたてばい、よこばいを通過する岩稜登攀

どの　別山尾根ルート

どこに　Z地点（剱岳山頂遺跡の北東）

なぜ　国家鎮護の祭事に伴う立山開山のため

上市町起点説

いつ　平安時代中期（十〜十一世紀）

誰が　伝真興寺の開祖 真興上人

どのように　早月川を遡り、ハゲマンザイからのヤブ漕ぎ

どの　早月尾根ルート

どこに　Z地点（剱岳山頂遺跡の北東）

なぜ　上市黒川遺跡群や大岩山日石寺の祭事に伴う剱岳開山のため

剱岳のファーストクライマーが起点としたはずの山岳霊場遺跡がどちらにも存在し、候補の人物名も挙がる。

わたしは双方を比較し、それぞれの土地が持つ剱岳との関係性に着目した。立山三山を中心に発展した立山信仰において剱岳は地獄の山であり、雄山と対比して畏怖すべき存在である。一方、早月尾根のある上市町では剱岳が恵みをもたらす神々しい存在として捉えられている。

その違いにこそ疑問を解く鍵があるのではないか。もし剱岳の登拝が立山開山の一部として行われたとするなら、なぜ地獄の山がわざわざ登られなければならなかったのか。立山開山と剱岳初登頂はイコールだったのか。その本質的な部分を見極める必要がある。

わたしは立山開山の真相を求めて、再び山に入ってみることにしたのだ。

室堂に着き、ターミナル前の玉殿の湧水《ゆうすい》へと向かう。湧水は夏でも冷たいが、秋になるとさらに冷えてとろっと優しい口当たりになる。わたしは一リットルの容器を満タンにして準備を終えた。休日とあって玉殿の湧水の取水口には行列ができていた。混雑ぶりは登山口に通じる石畳でも変わらない。老若男女、文字通り大人から子どもまでがリュックを背負っている。

やがて室堂山荘が見えてきた。

登拝を禅定とも言い、立山禅定の起点は室堂とされる。その中心地は玉殿岩屋と虚空蔵窟だった。

改めてそれらの洞穴に出かけてみる。どちらの位置からも剱岳を見ることはできない。剱岳は室堂ターミナルを出たところで辛うじて山頂と稜線の一部が見える程度だ。室堂から剱岳は遠い存在なのだ。

その点からも室堂を拠点とした開山はいきなり剱岳から始められたとは考えにくい。ではどの山が開山されたのか。立山には立山という名の山が存在しないため、まずはそれを明らかにする必要がある。その上で剱岳がどう位置づけられるのか、段階を追って見ていかねばならない。

立山開山を立山信仰から考えてみる。

手がかりは神社だ。立山禅定の起点となった立山町岩峅寺と芦峅寺にはそれぞれ雄山神社がある。

岩峅寺の前立社壇《まえたてしゃだん》、芦峅寺の芦峅中宮祈願殿。それら里宮《さとみや》に対し、神聖な奥の院として標高三〇〇三メートルの雄山山頂に峰本社《みねほんしゃ》が立つ。雄山神社は前、中、奥と三つの神社で構成されていた。奥宮《おくみや》が鎮座する雄山山頂こそが立山開山の地だったはずだ。

今回の山行で計画したのはその雄山を中心とする立山縦走《じゅうそう》だ。

室堂から雄山、大汝山、富士ノ折立の立山三山頂上に立ち、真砂岳から別山まで足を延ばす。標高二四五〇メートルの室堂から、最高点である標高三〇一五メートルの大汝山を経て縦走する歩行距離は十キロと長く、六時間半ぐらいをみなければならない。

わたしの目的は山頂に立つことだけではない。今回も開山や信仰に関わる行場や遥拝ポイントを求めていく。途中何に出会うか、どこでどれだけの時間がかかるかは未知数だ。

事前に地図を検討し、装備や体調管理など入念な準備をした。

装備で注意したのは寒さ対策だ。室堂で紅葉の見頃は九月中旬から十月上旬にかけて。すでに紅葉の時期は過ぎている。あとはいつ雪が降り出してもおかしくない。天候の急変への対応と低体温症に陥らないための対策が求められる。

登山用の衣服は、自然の様々な悪条件に対応できるよう進化、多様化している。従来は雨、風を防ぎ、暖かさを保てるように、外側に羽織るジャケットやパンツなどの素材開発が進められた。アウトドアウエアを扱うメーカーに勤める知人にアドバイスを求めると、キーワードは「レイヤリング」、つまり重ね着にあるという。ジャケットなどのアウターウエアだけでなく、中に着るインナーウエアの通気性、保温性、吸汗性、速乾性を向上させ、それらの組み合わせや加減により快適性を追求する。特に発汗で濡れた衣服を着続けることで引き起こされる低体温症への対策が開発の根底にあるらしい。

現代の登山ウエアについて学ぶほど、過去の山伏の服装に思いが広がる。江戸期の立山曼荼羅に描かれた修行者の服装はシンプルだ。白衣を身にまとい、頭には笠、脛《すね》には脚絆《きゃはん》を巻いている。考えてみれば股引《ももひき》は登山ウエアで言うならトレッキングパンツ、蓑《みの》はレインジャケット、綿入れはダウンジャケット、手甲《てっこう》は手袋、脚絆は脛当てのスパッツ（ゲイター）、わらじは軽いトレランシューズだろう。旅装束そのものが登山服みたいなものであった。古来、日本人にとって旅と山には密接な関係があったことがわかる。

わたしは室堂ターミナルを出発し、約一時間二十分で標高二七〇五メートルの一ノ越に到着した。

途中、小学生の姿も見かける。大人と違って子どもは体が柔軟で体重も軽いから、岩の上を軽快にすばやく登っていく。だが子どもの場合、最後まで体力と気力が続くとは限らない。

「ここで、パパはおぶられんからな、ええか」

親が子を諭す。

「だいじょうぶに決まってんやん」

もうおんぶなどとっくに卒業しているように見える子どもはタメ口で答えた。

『立山のいぶき』によれば、富山には十六歳前後の男子が立山(雄山)参りをして初めて一人前の若者として認められたという古いしきたりがあった。

一ノ越からが雄山の登山道だ。そこは荒涼とした岩山で、足元の石はふぞろいでガタつく。わたしは何度か登山者の渋滞に巻き込まれ、そのたびに下界を眺めた。室堂ターミナルの建物が次第に小さくなり、その分上昇したことがわかる。正面にはどっしりとした大日三山が横たわる。今日は完璧な秋晴れであり、盛りを過ぎた紅葉でさえ青空に映える。

列がようやく動き始め、わたしは落石させないように慎重に進んだ。徐々に傾斜がきつくなり、道は二ノ越、三ノ越、四ノ越、五ノ越を結ぶように進む。今なお祠が残る所もある特別な聖地だ。雄山では阿弥陀仏の五体が山道上の拠点と対応しており、一ノ越から五ノ越までそれぞれ順に阿弥陀如来の膝、腰、肩、首、頭とみなされている。まさに山そのものがご仏体なのだ。山を仏と見立てる。わたしは熊本県の阿蘇山でも似たような光景に遭遇した。阿蘇五岳が仏の涅槃《ねはん》、つまり寝姿に見えると知り、どこが頭で、どこが胸部かを見つけようとした。

登山者の列が進み、わたしはようやく山頂部に足を踏み込んだ。雄山神社の社務所から標高三〇〇三メートルの山頂へ。社殿は鋭い峰の頂に立ち霊験あらたかな緊張感に包まれる。狭い通路を登り切り、雄山神社峰本社の社殿にたどり着いた。周辺にある立山連峰の山はもちろん、遠くには富士山も見える。

拝殿に向かって手を合わせ奇妙なことに気づいた。拝殿の真後ろに剱岳が鎮座し、峰本社の御《ご》神体《しんたい》であるかのようだ。雄山神社に詣でることは剱岳に礼拝することなのか？

立山開山伝説では土地神の刀尾権現は剱岳に坐す神とみなされていた。仏教徒は在地の神を排除しようとせず、共存する道を選んだ。剱岳を不動明王に見立て仏教化を図ったのだ。

外来の神仏を在来の神と同体とみなすことで争いを避ける。神仏習合はまさに和をもって貴しとなす日本人の知恵であり、日本文化の真髄である。

いずれにしても雄山山頂に立つ峰本社が剱岳を御神体としているなら、剱岳は地獄ではなかったのだろう。

では立山開山は雄山山頂のどこでどのように行われたのか。

立山信仰にかかる書籍は数多いが、どれを見ても明快な答えが見つからない。ところがわたし

雄山山頂付近

雄山神社峰本社と剱岳

はその難題に正面から挑んだ論考を見つけた。『平成二十一・二十二年度　富山県［立山博物館］調査研究報告書　立山における山岳信仰遺跡の研究』（富山県［立山博物館］二〇一一年）だ。筆者である山本義孝氏は日本山岳修験学会理事で、山岳信仰の諸問題を現場から読み解く研究者だ。

彼は静岡県袋井市立図書館で館長（当時）をしていた。わたしはメールを送り、返事をもらえたのを幸いに二〇一七年九月、会いに出かけることにした。秋田から富山も遠いが、袋井までも遠い。秋田駅から新幹線を乗り継いで東京、掛川と進み、ＪＲ東海道本線で袋井駅へ。六時間半ぐらいかかって袋井についた頃にはぐったりだった。幸いにも図書館は歩いてすぐのところにあり少し救われた。

図書館の会議室でわたしは劔岳への思いを語った。ところが返ってきた答えは意外なものだった。

「立山はね、特殊なんですよ」

「特殊というと？」

わたしの疑問に山本氏が答える。

「普通あんな岩だらけの場所で山伏は修行したりしないんです。第一、標高が高すぎる。立山は三〇〇〇メートルでしょ。大峰の山上ヶ岳（奈良県）は二〇〇〇メートルいかない。英彦山《ひこさん》（福岡県）に至っては一二〇〇メートル程度です」

どうやら山岳信仰の世界で劔岳は例外的存在のようだ。日本山岳修験学会でも積極的に研究を行っている者はいないという。一方、様々なアプローチがある立山信仰の研究にも盲点があった。彼は論考の中でこう喝破する。

これまでは雄山神社峰本社の存在が大きすぎて、大汝山周辺と富士ノ折立に対する調査や報告はなされてこなかったのではないだろうか。しかし、山岳信仰の基本に立つと、位置的にも標高においても中心に位置付けられるのは大汝山である。

立山開山は大汝山において行われた⁉

確かに立山三山でもっとも標高が高いのは大汝山である。論考によれば頂に残る祭壇跡は開山の法会が執り行われた現場だったという。

国家鎮護を目的とする開山の現場とは一体、どんな場所だったのか。

これもまた難しい問題だ。おそらく歴史研究においても、考古学研究においても究極の難題が開山なのではないか。とにかく書かれた史料がない。考古学的な遺物も不十分である。

山伏らが行う修行や法会で使われるものは水と塩、護摩を焚く木など時間が経てば土に還るものばかりである。痕跡がほとんど残らない。おそらく痕跡を残すことを忌み、自然に還ることを本望とした彼らにとっては当然のことであった。

山本氏は大汝山を中心とした立山開山の再構築を試みる。わたしが注目したのは彼が指摘する山頂磐座《いわくら》だった。

磐座とは岩石信仰の対象になっている岩のことをいう。『祭祀遺跡――神道考古学の基礎的研究――』（大場磐雄　角川書店　一九七〇年）による磐座の定義のひとつは「実在の石をもって神霊が憑依する」もので、他所から来る神を迎える依代《よりしろ》、つまりアンテナのような役割をする自然石である。

古代人にとって磐座は神仏や地霊と人間を繋ぐ臍《へそ》の緒であった。磐座を聖地とみる山岳信仰は修験道が解体される明治期まで存在した。遡れば日本人ははるか石器時代に始まる自然崇拝に、縄文文化、弥生文化、神道、道教、陰陽道、仏教などを融合させながら独特の山岳信仰を堅持してきたことになる。

山本氏は大汝山の山頂磐座と、周辺に認められる遺構群こそが立山開山の現場だったという。磐座とは実際にどのようなものか。そして立山開山はどのように行われたのだろうか。

わたしは開山について漠然と「山頂に神社を建てること」ぐらいに思い込んでいた。だが開山とは現代人の想像を超える、自然石を依代として神を迎える特別の秘儀だという。

わたしは雄山山頂付近にある神社社務所から次なる目的地大汝山へと向かった。縦走路に入ると、雄山での混雑が嘘のように静けさに包み込まれた。雄山から大汝山までは約二十分と近い。やがて大汝山の山頂付近の休憩所が見えてきた。山頂へは休憩所を経ずに、大きな岩の間をすり抜けて坂に取りつく。登り切ったところが標高三〇一五メートルの立山連峰最高点だ。

大汝山の山頂磐座

わたしは山本氏の論考をガイドブックとし周囲を観察した。

礼拝者によって木札が差し込まれた岩があった。それは高さ二メートル、幅三メートル、奥行き四メートルほどの突起状岩塊で、最上部は縦に裂け目が走っている。

その裂け目は女陰に見立てられる。日本に古くからある自然崇拝では鳥獣虫魚、草木などあらゆる新たな生命が山から生み出されると考えられた。その象徴が女陰形をした磐座なのだ。

大汝山山頂に屹立する女陰形の岩は、神が降臨する磐座であり、古来、山伏をこの地に引きつけてきた聖なる岩だ。日本人の遠つ祖《おや》が見出し崇拝を続けてきた大汝山の神、その核心部である。

山の秘部を知ったわたしはある種のエクスタシーを感じた。冷静さを取り戻して観察を続ける。

磐座の亀裂部に差し込まれている木札は奉納品だ。剱岳ではそれに相当するものが錫杖頭と鉄剣だったはずだ。そう考えるなら剱岳山頂にもきっと似たような磐座があったはずだ。前回まで二度、剱岳山頂に立ったわたしの意識にあったのは岩窟だけだった。だが意識して探せば陽石のような立石、陰石のような岩の裂け目を探し出せるのではないか。それこそ錫杖頭と鉄剣が奉納されていたZ地点のはずだ。

大汝山でわたしはさらなる遺構群を探した。山頂磐座から北西方向へと張り出す崖があり、磐座らしい場所が目についた。磐座上部には突起があり、山本氏の論考ではそれを「鼻」と呼び陽石とみなしている。

わたしは磐座に近づこうと前進した。滑りやすい急坂で足を踏み外せばそのまま奈落の底に転落してしまう。

大汝山の岩窟と石躰

慎重に磐座に近づき長さ二十メートルほどある側面を探索した。張り出した岩を通過すると、いきなり岩の裂け目が目に入ってきた。岩窟だ！　間口が一メートルあまり、中を覗くと間口の倍ぐらいの奥行きがあった。わたしは人間の痕跡がないかと調べてみた。ゴミはおろか、参拝者の木札さえ落ちていない。

窟の中央奥に石の角柱が立っている。

自然石を人為的に直立させたものだ。石躰《しゃくたい》と呼ばれる神仏の依代で、仏像を持ち込めない過酷な山地で仏像の代わりに立てられた。

山岳信仰の行者は天を突く陽石と窟や穴状の陰石が和合をし神仏が生じる（湧出する）と考えた。陰陽石のまぐわいによって神が誕生するという考え方はアニミズムそのものであり創世神話を見るようだ。

山の生命の核心部分に触れたことでわたしは畏怖のような厳かな感情に震えたが、それはすぐに土地神から特別な許可をもらいここに来たことへの歓喜と感謝に変わった。その心境は普段、入り込むことのない心の奥底にたどり着くときに得られる陶酔そのものであった。自然に接するときの癒しや安心、充足感。日本人であるわたしの感性に直接的に迫ってくるものだ。

わたしは磐座から南へ十メートルほどのところにある方形壇《ほうけいだん》を探した。山本氏によれば立山開山における究極の聖地だという。

断崖の上でわたしを待っていたのは周囲の岩を縦横二メートルほどの方形に組んだ壇だった。

その場に立った瞬間、わたしは思わず息を飲んだ。

眼下に室堂平が広がる。その背後に鎮座するのが大日三山だ。左手には雄山、浄土山《じょうどさん》（標高二八三一メートル）、薬師岳《やくしだけ》が、右手を向くと真砂岳《まさごだけ》、別山、そして剱岳が居並ぶ。

それら立山連峰の峰々が室堂平を取り囲んでいる！　今、まさにわたしは立山の神々の座に並び立っているではないか。

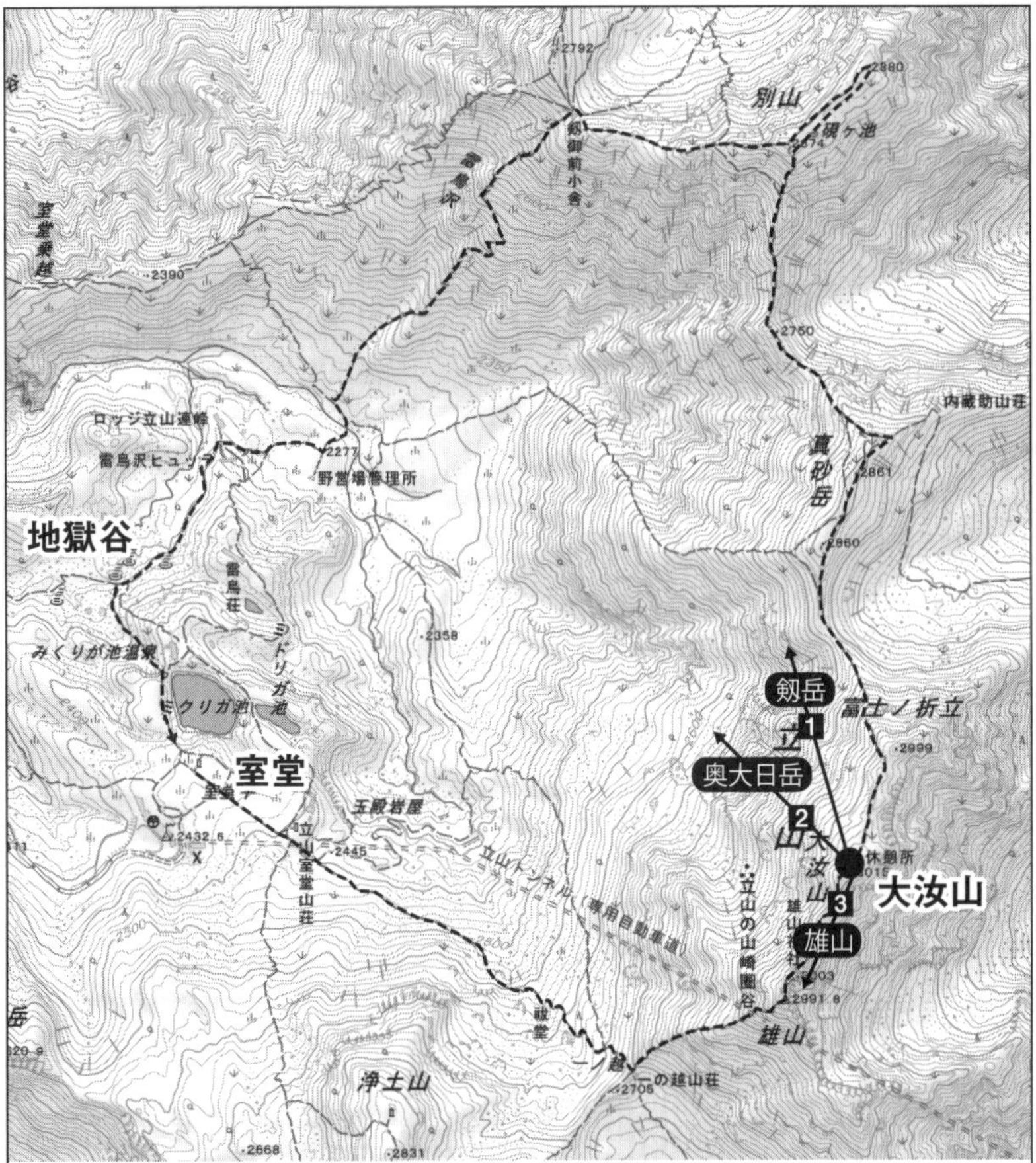

立山開山の地である大汝山から周辺の霊山 1 ～ 3 はすべて遥拝できる

奇しくもそれはヒマラヤに出かけたわたしが憧れたアンナプルナ内院の神秘そのものだ。実際に見ることが叶わなかった光景が目前に立ち現れたようで奇妙なデジャビューを覚えた。まさに立山連峰の内院と呼ぶにふさわしい。

開山に際し空海、つまり弘法大師は高野山を取り巻く峰々の尾根づたいに結界線を引き、内側より悪鬼神《あっきじん》などを追い払って浄化し、峰々に神仏を招いたという。山本氏は次のように書いている。

こうした修法を経て初めて立山は霊場として開かれ、これを可能とする遥拝ポイントはこの方形壇の地点を除いて他には考えられないのではないだろうか。

立山開山、ここに成就す。

わたしは大汝山に立ち、立山開山の神秘に触れる思いがした。

大汝山を後にし富士ノ折立へと向かう。歩行わずか十五分で到着した。小広場に「富士ノ折立」という標柱が立っている。

これまで登ってきた雄山、大汝山、富士ノ折立はひとまとめに立山三山と呼ばれる。立山三山には他の定義もあるが、これら三山は富士山、白山《はくさん》（標高二七〇二メートル）、立山の日本三霊山に見立てられることがある。

富士ノ折立を富士山、大汝山を白山とし、雄山（立山）と合わせた三山に参拝すれば日本三霊山全てを巡ったことになるという。

一石二鳥どころか、一度で三山登ったことにしてしまう霊場巡りは、安直を求める現代にも負けず劣らず昔から横行していたのだろう。多分、それで賽銭を三倍ふんだくろうとした欲深い生臭坊主もいたはずだ。

だが全くいい加減な設定というわけではない。大汝山の大汝とは大己貴つまり「おおなむち」と読む大国主命《おおくにぬしのみこと》の別名である。白山にも大汝山があり、大国主命が祀られている。立山と白山は地理的にも近く、大国主命を祀る出雲大社と日本海で直結する。立山を謎めいた存在にしているのが、その古代日本海コネクションだ。

山頂が砂地になっている真砂岳

富士ノ折立からさらに真砂岳へと進む。

山道は一気に二百メートルの下りとなった。わたしは脆く滑りやすい坂を慎重に下りた。下り切ったところが「大走り」の分岐となり、ここから下山するのが江戸時代の立山禅定お決まりのコースだった。その名の通り、斜面を走り下りたのだろう。

わたしは分岐点から山を登り、真砂岳へ。

真砂岳はその名の通り、山頂が砂礫帯になっていて歩く度に足元が脆くザラザラと崩れる。そのため戦国武将、佐々成政が、冬の北アルプスを越えて徳川家康に会いに出かけた「さらさら越え」のルートに当たるのではないかとも言われる。その伝説に呼応してか、近くには「内蔵助カール」と呼ばれる場所や内蔵助山荘などがある。

『富山県山名録』（橋本廣他編　桂書房　二〇〇一年）を見ると真砂岳の砂地は崩れやすく足を取られそうになるため、「蟻《あり》の戸《と》渡《わた》り」とも呼ばれていた。

かつてわたしは長野県の戸隠山《とがくしやま》（標高一九〇四メートル）に登ったことがある。両サイドが切れ落ちた岩場があり、幅わずか五十センチメートルしかない難所が「蟻の戸渡り」と呼ばれていた。鎖や安全ボルトが設置されぬまま残された山伏のリアルな修行場だ。強風に煽られ、わたしは何度か肝を冷やした。山伏はあえてこのような危険な難所に挑むことで、生命の尊さや生きる意味を自らに問いかけるのだろう。

真砂岳の蟻の戸渡りにも、山伏の行場として過酷な通過作法があったのではないか。残された地名に山伏たちの吐息が感じられる。

真砂岳を通過し、わたしは一気に別山へと向かった。つづら折りの急登からガラ場の登りを経て、一時間がかりでようやく別山山頂に着いた。

別山には南峰と北峰、二つのピークがある。南峰には祠が立つが、北峰の方が六メートル高い標高二八八〇メートルだ。

南峰と北峰の間の硯ヶ池《すずりがいけ》は雪渓の雪解け水が溜まってできる池で、わたしが出かけた十月には干上がっていた。

別山の山頂から剱岳を眺める

『立山・黒部山岳遺跡調査報告書』によると山岳信仰関係の出土物は別山が最多で三百八十点に及ぶという。九世紀末から十世紀初め頃の須恵器が出土している。

別山山頂では剱岳の眺望のよさに心を奪われる。これほどその霊峰が間近に迫る場所はないであろう。剱岳の遥拝ポイントは雄山峰本社を始め立山連峰各地にあるが、別山は剱岳遥拝のために登られた山だった。わたしは滞在できる限りの時間を過ごした。

別山からの帰路、紅葉色に染まる室堂平を見ながら上空を旋回するように山道を左右へと折れ進んだ。素晴らしい陽気に支えられた実りある山行。何より剱岳、立山の神々から祝福を受けるような満ち足りた気分だ。

下山して立山開山と剱岳について考える。

立山三山から別山を縦走するルートは一度標高三〇〇三メートルの雄山に登ってしまえばその後はアップダウンしながら進むいわば天空の周回コースだった。尾根づたいに結びついている雄山、大汝山、富士ノ折立、別山には地形上の繋がり以上にどんな関係があるか。

『富山県山名録』には立山三山巡りの意義が書かれ、剱岳との関係も読み解かれている。

立山三山巡りは、人間の過去、現在、未来を感得する行とし、別山から剱岳を遥拝し自身の魂の未来永劫を祈った。

立山三山巡りは時間を超越する修行であった。三山のひとつ富士ノ折立は「不死の世界におり立つ」ところという意味があるらしい。一方、剱岳に対して人々は魂の未来永劫を願ったという。

注目すべきは剱岳が地獄ではなく、「あの世」という点だ。

「地獄の針の山」と呼ばれた剱岳だが、本来的には地獄ではなく、あの世だという。

平安末期にできた『今昔物語集』を注意深く確認すると、立山地獄とみなされているのは活発な火山活動を繰り返す地獄谷と日本一の落差がある勝妙ノ滝（現在の称名滝《しょうみょうだき》）である。そこには帝釈《たいしゃく》の嶽（現在の別山）が亡者の罪を判定する場所として出てくるが、剱岳は挙がっていない。

ここまできてようやく謎のひとつが解ける。雄山神社峰本社の拝殿が剱岳を向き御神体としているのは、魂の未来永劫を祈るためなのだ。

さらに重要なことは立山三山巡りでは別山までがこの世であり、剱岳はあの世である。双方の間には信仰上、明確な線が引かれていたのである。

わたしは考古学調査で見つかった遺物の特徴を調べてみた。

すると立山室堂遺跡、雄山山頂、別山山頂で九世紀から十世紀前半頃の須恵器が発見されている符合に気づいた。

起点となる立山室堂から雄山そして別山の山頂まで、それら立山三山に連なる尾根づたいから同年代の須恵器破片が発見されたことは特別大きな意味を持つ。それは、同時期に同一者によって行われた立山開山にリアリティを感じさせる。須恵器の年代は立山開山伝説に絡む、越中守佐伯有若（慈興上人）と天台座主康済の時代にも合致する。

おぼろげながら、立山開山の実態が見えてきた。

立山開山者はわたしが歩いてきた雄山から別山までの各山頂に登拝し、大汝山の磐座や方形壇で法会を行ったのだろう。

立山開山に一貫性を与えるのは、立山三山〜別山の尾根が縦走路として繋がっている点と、ルート上で九〜十世紀の須恵器破片が見つかったことだ。

剱岳から須恵器破片はまだ見つかっていない。発見されたのは錫杖頭と鉄剣という須恵器とは異なる遺物だ。

今後剱岳山頂で須恵器が発見される可能性がないわけではないが、現段階で発見されている遺物こそが史実を雄弁に物語る。雄山や別山に須恵器を奉納した人と剱岳の開山者が同じ人なら、やはり剱岳にも須恵器を持ち込んだはずだ。逆に言えば剱岳に錫杖頭や鉄剣を奉納した人は別の場所にも、同様の品を奉納したと考える方が自然だ。

単純かつ本質的な点からも、雄山、別山と剱岳に遺物を残した人は違う人物ではないか。

わたしは新たな可能性を見つけた。立山博物館の刊行物『立山の至宝展』にはもう一つの錫杖頭が掲載されている。

一八九三(明治二六)年に、立山連峰の大日岳で発見された銅製の錫杖頭だ。現在は重要文化財に指定され東京国立博物館に寄託されている。

剱岳の錫杖頭発見より十四年も前に、剱岳から直線距離で約七キロメートル、徒歩圏内に存在する大日岳で錫杖頭が見つかっていたことにわたしは軽い衝撃を受けた。

大日岳の錫杖頭が発見された経緯はそれが納められた木箱と包布に綴られている。

発見者の河井磯太郎は、温泉探索に出かけた大日岳山頂で錫杖頭を見つけた。その帰路、彼と仲間の三人は遭難しかけて三日三晩山中をさまよう羽目になった。食料は尽き、ついに生命の危機に瀕したところ、芦峅寺の者に助けられたという。剱岳の錫杖頭に負けないくらいの冒険伝説に彩られている。

大日岳の錫杖頭は高さ十七センチメートル。剱岳の錫杖頭(高さ十三・四センチメートル)よりひと回り大きい。色は茶色く錆びている。シンプルな剱岳錫杖頭とは対照的に装飾が施されている。輪は宝珠形《ほうじゅがた》。中心の蓮華台《れんげだい》に宝瓶《ほうびょう》が立ち、外輪から内側に巻き込んだ蔓先は龍頭で飾られる。遊環《ゆかん》が二ついていることも保存状態の良さを示す。

「古式の錫杖」大和久震平（『山岳修験　第五号』所収　山岳修験学会　一九八九年）は大日岳の錫杖頭の製作年代を「十二世紀の中葉以降」とする。

立山連峰の剱岳と大日岳で二つの錫杖頭が見つかっている意味とは何だろう。

ふとわたしは芦峅寺、岩峅寺に伝えられた立山曼荼羅のことを思い出した。立山曼荼羅には謎がひとつある。大日岳が描かれていないのだ。立山曼荼羅は大日岳付近から見た立山連峰を描いたとも言われるが、信仰の対象としてはほぼ無視されている。剱岳も地獄の針の山という禁忌の存在として封印されている。奇しくも錫杖頭が見つかった大日岳と剱岳は、近世において崇敬の対象外なのだ。

錫杖頭は仏具という特徴的な奉納品だけに、それらは同じ目的で同じ時期に奉納されたと考える方が自然だ。大日岳から須恵器が出土していないことからもそれは明白だ。

ここで製作時期の食い違いが問題になる。剱岳の錫杖頭は平安初期、大日岳の錫杖頭は十二世紀中葉以降というから平安後期に当たる。

わたしは手がかりを求めて資料を読み返した。

『立山・黒部山岳遺跡調査報告書』に気になる一文を見つけた。剱岳錫杖頭の製作年代について、近年、十一世紀後半に下るとする研究が発表されたという。その論考「古式錫杖考——日光男体山山頂遺跡出土錫杖の位置付けをめぐって——」水澤幸一（『経塚考古学論攷』所収 岩田書院 二〇一一年）は古式錫杖に関する過去の分類を検証し、銅や鉄の素材からも区分して検討したものだ。

わたしは筆者の水澤幸一氏にメールで連絡を取った。剱岳の錫杖頭の製作年代を十一世紀後半と考える根拠はどこにあるのか。回答はすぐに返ってきた。

扁平な外輪は古手の要素だが、内輪と柄の先端がくっついている点から、より新しい類型への過渡期の様相を示すという。説明の後、メールには「『立山・黒部山岳遺跡調査報告書』にある十一世紀後半は言い過ぎだろうけれど」と指摘した上で、年代感が示されていた。

製作年代としては、十世紀後半～十一世紀前半の間になってくるかと思います。大きさがあまりないので、どちらかというと十一世紀に入るかもしれません。

十二世紀中葉の大日岳錫杖頭と十世紀後半～十一世紀前半の剱岳錫杖頭との関係をどう理解すべきか。『立山の至宝展』に次のような説明があった。

「剱岳錫杖頭の」成立は様式的に大日岳の錫杖頭より早いが、剱岳山頂に奉納された時期は大日岳のそれとほぼ同じ頃とみられる。

剱岳の錫杖頭の製作年代を十世紀後半〜十一世紀前半とするなら、奉納時期はそれ以後となる。もしそれが正しいなら立山室堂を中心とする九世紀末の立山開山とは無関係となる。剱岳の錫杖頭等を奉納したのは越中守佐伯有若（慈興上人）と天台座主康済ではなくなる。

いや、それ以上にわたしは驚いた。剱岳の錫杖頭の製作時期は、上市黒川遺跡群に関わる真興上人が生きた九三四？〜一〇〇四年にピタリと符合しているではないか！

剱岳に錫杖頭を奉納した人は立山三山を越えた別山尾根からではなく、早月尾根から登頂したという見立てが有力になる。剱岳の初登頂は立山開山期よりもずっと後に、早月尾根を拠点とした山伏によって行われた可能性が浮上する。

だがその仮説を確かめるには早月尾根を現場検証する必要がある。わたしはハゲマンザイに出かけ、そこから早月尾根のルートを探らなければならない。

また剱岳山頂には大汝山山頂で見たような磐座が必ず存在しているはずだ。

わたしはついに剱岳ファーストクライマーの正体を知る扉の前まできた。

第七章　謎のトンガリ岩

わたしの照準は絞られた。
剱岳の山頂に錫杖頭と鉄剣を奉納したファーストクライマーは、立山町の室堂を起点としたのではなく、上市町の山岳霊場を起点にした可能性が強まる。その5W1Hを改めて確かめてみる。

上市町起点説
いつ　　　平安時代中期（十〜十一世紀）
誰が　　　伝真興寺の開祖　真興上人
どのように　早月川を遡り、ハゲマンザイからのヤブ漕ぎ
どの　　　早月尾根ルート
どこに　　Z地点（剱岳山頂遺跡の北東）
なぜ　　　上市黒川遺跡群や大岩山日石寺の祭事に伴う剱岳開山のため

こうして眺めてみると各欄は埋まってはいるが、正直なところわかったようなわからないような印象だ。資料を駆使して得られる仮説としてはこの辺どまりだろう。

5W1Hは本来、有機的に結びついている。わかりやすく言うなら5W1Hとはそれ全体でひとつの物語でなければならない。現状ではただ情報が箇条書きされただけに留まる。血の通った人間の、迫真のドラマが浮かび上がってこない。

探検はそこに眠る秘話を解き明かすものでなければならない。わたしが探検テーマとして標榜する「物語を旅する」とは、『ロビンソン漂流記』や『浦島太郎』など架空の物語の背景を探ることだけではない。シンプルに言うなら知られざるドラマ探しなのだ。精度をもっと上げなければ、閉じたままの本と同じで物語を知ることはない。

上市黒川遺跡群から早月川に出て、ハゲマンザイからのヤブ漕ぎで剱岳山頂まで行けるのか。古地図や古老の記憶を頼りに埋もれた歴史を掘り起こしても、自分の身体で実際に検証できなければ絵に描いた餅も同然である。探検とはリアリティをつかむことなのだ。

まずは本当に上市黒川遺跡群から早月川に出られるのかを検証してみる。

上市町教育委員会の三浦知徳さんによれば護摩古道と呼ばれる山道の途中には、巨大な磐座が鎮座する黒川岸天遺跡があるという。

磐座が存在しているなら、古い山岳信仰の道であることは間違いない。ただし護摩古道に出かけるのは簡単ではない。深いヤブにおおわれているため、雪が解けて下草が生える前の頃合いを狙い打ちしなければならないらしい。

二〇一八年四月。わたしは天候を確認しながら三浦さんとスケジュールを調整し、富山へやって来た。

山の調査は心身万全の態勢を組み、経費だって山の神への奉納だと思わないと成就しない。いや、それでも山の神の意にそぐわない場合、天気の急変、崖崩れなどの天災に見舞われてしまう。常に心を純粋に、山への情熱を持ち続けなければ山の神は心変わりする。

古来、マタギや杣人《そまびと》は山の神を女神としてきたが、その理由が何となくわかる気がする。わざわざ醜い海のオコゼを奉納してこそ、無事の入山と下山を約束していただけるのが山の神というものである。

朝九時、三浦さんを筆頭に合計四人で上市町役場を出発した。天候に恵まれてとびきり気持ちのいい山歩きができそうだ。

最初に弘法大師の足跡岩と呼ばれる大石にたどり着いた。それは古道と町道とが分岐する場所にあり、三つの自然石のうち、最大の石の表面に弘法大師の足跡とされる窪みがある。

護摩古道は黒川集落から護摩堂集落に通じる一本道だ。われわれをリードしていた三浦さんは山道を外れて、茂みの中に足を踏み込んだ。小高い丘に登ると周囲は異様な雰囲気に包まれた。

仏岩《ほとけいわ》と呼ばれる奇岩群が斜面をおおっている。まるでトルコのカッパドキアに迷い込んだような異界だ。黒川岸天遺跡の磐座地帯が始まったのだ。

護摩古道にある弘法大師の足跡岩

ところが奇岩群はすぐに姿を消し、先に大きな平場が見えてきた。静けさが満ち、そこがただならぬ場所であると感じさせた。正面の坂を登ると岩窟があり、近くに巨大な岩が屹立していた。巨大な石柱と中央に亀裂が入った岩だ。それらが男根、女陰とみなされていたことは想像に難くない。また近くには岩室もある。

それら産土神《うぶすながみ》らのまぐわいにより神仏を始め、年ごとに幾千、数万の新たな生命が、産み出される。まさにここが神秘の聖域だ。

わたしは思わず山の土地神に黙礼した。神が寄りつく磐座はそれ自体が石神でもある。

「圧巻だね」

わたしは感情のまま言葉を発し、それを言祝《ことほ》ぎに変える。

黒川岸天遺跡を通過し、次に護摩堂にやって来た。

護摩堂にある弘法大師の清水では水が勢いよく流れ出ていた。弘法大師が錫杖を地面に突き立て溢れ出した水だという。

黒川岸天遺跡。中央に亀裂の入った岩

その近くにある岩室

寺院などの跡と思われる護摩堂村巻遺跡

一口すすり、手を洗う。心身の穢れを落とし、われわれは護摩堂からさらに先へと進んだ。集石や平場、それらの遺構が散在している場所に着いた。護摩堂村巻遺跡は寺院か僧坊の跡だろう。

「こんな山ん中で一体何をしてたんか」

いつもの三浦節が炸裂する。

確かに不思議を通り越して異様という外ない。

わたしは遺跡を冷静に観察しつつも、それらが何かを必死に語りかけてくるように感じられてならなかった。

それぞれの遺跡には共通点がある。古道沿いにあり、山中の平坦な場所で、水場があり、磐座などの行場が点在する。わたしは太陽の位置や剱岳の方角にも注意しながら歩いた。

さらに先に進み、護摩堂(蓑輪)城に至った。十六世紀の戦国時代に土豪により築城(改修)された山城だ。頂上には電力会社の送電鉄塔が立っていたが、その高台に立つとわたしは思わず感慨の声を上げた。

「早月川だ」

この川を遡ればかつての伊折村があり、早月尾根の登山口である馬場島に至る。護摩堂城から剱岳の方向を仰ぐと、川に下りなくともしばらく尾根を進むことだってできそうだ。

繋がった。黒川の山伏は護摩古道を経て、早月川へ。そのまま剱岳へ向かうことができたのだ。古道は弘法大師の足跡岩、仏岩、寺院、僧坊、庵を結ぶように剱岳へと通じていたのだ！　わたしは自分の足で歩き、可能性を実感した。

上市黒川遺跡群を拠点に剱岳へ向かう古道はまだ残されていた。現在もなお、かすかな踏み分け道の痕跡を留めている。

巨大な磨崖仏がある大岩や山岳信仰の中心地である上市黒川遺跡群から早月川に通じる古道を確かめたわたしは、次に古代の山伏がいかに剱岳に登ったのかを知りたいと思った。

これまでの調査により早月川の上流、立山川の支流である毛勝谷から尾根に登ったという仮説が浮上した。毛勝谷が立山川と出合う辺りから早月尾根南面の谷筋の斜面を登りつめると、尾根上に気和平の三角点がある。そこは柴崎隊や冠松次郎が尾根の反対側のキワラ谷から登ったルートとの結節点だ。立山川から早月尾根に登る場合、三角点直下のハゲマンザイを通るルートが最有力候補である。

しかし、現場検証を行うにしても、わたしは気和平の三角点の位置がよくわからない。

そこでわたしは国土地理院で測量に従事していた山田明氏に連絡を取った。彼は在職中の二〇

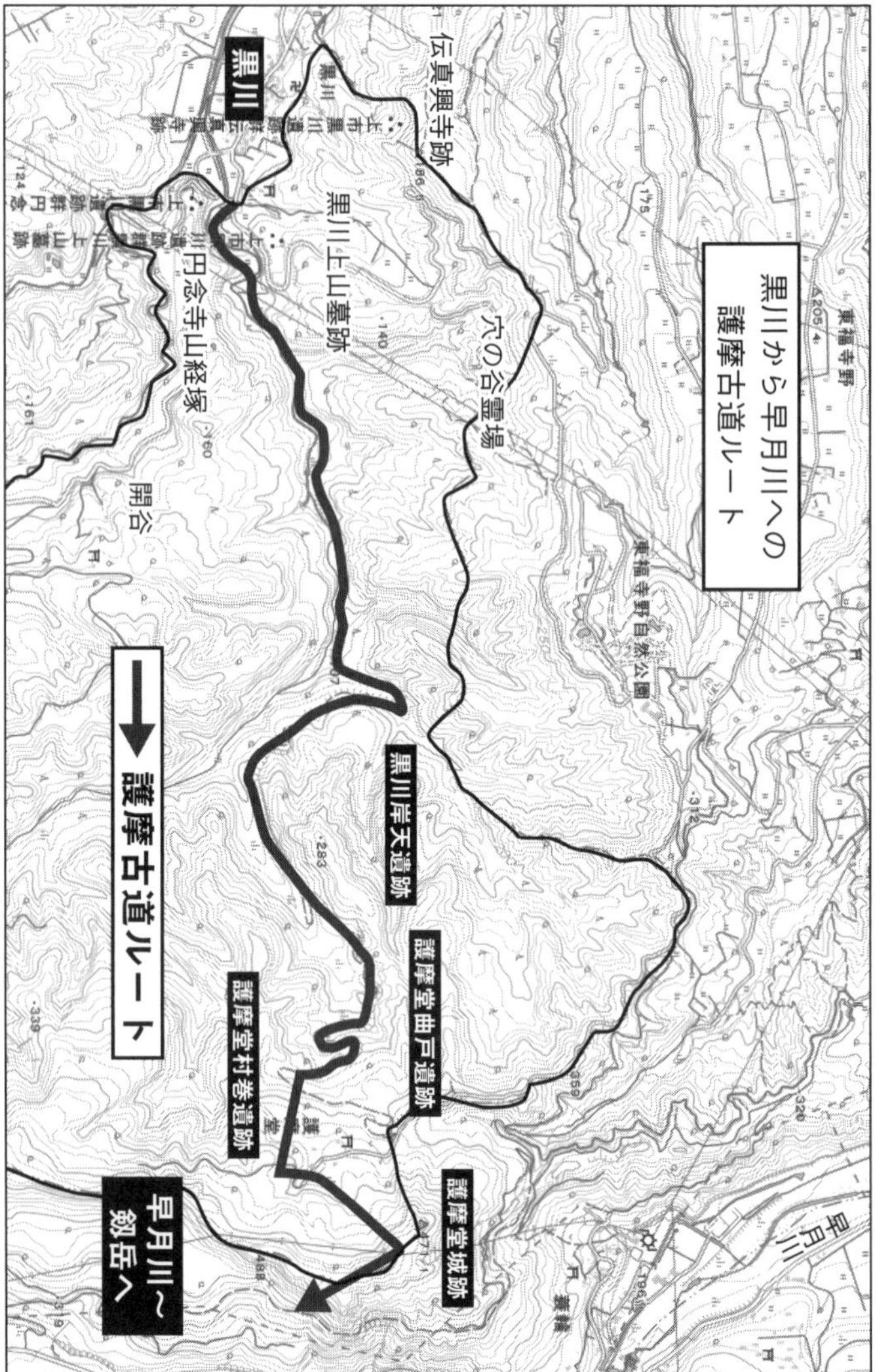

黒川から早月川への
護摩古道ルート
東福寺野
東福寺野自然公園
穴の谷霊場
伝真興寺跡
黒川
黒川上山墓跡
円念寺山経塚
開谷
護摩古道ルート
黒川岸天遺跡
護摩堂曲戸遺跡
護摩堂村巻遺跡
護摩堂城跡
早月川
早月川～
剱岳へ

○四(平成一六)年、剱岳に三等三角点を設置した人物としても知られる。

柴崎隊は山頂に資材が運べなかったことから、三角点を三等からより簡素な四等に格下げした。彼の業績や思いを継ぎ、次代に繋げようと剱岳測量百年記念事業が立ち上げられ、柴崎隊が果たせなかった三等三角点が設置された。

剱岳の測量事情については山田さんより詳しい人はいない。わたしの求めに応じ、彼は住まいがあるつくば市で時間を取ってくれた。

剱岳古道探しにおいて、早月尾根の気和平三角点は重要な存在だ。何よりそれは剱岳登頂を目指した柴崎隊が最初に設置した三角点なのだ。実際のところ柴崎隊は剱岳東面の長次郎谷から登頂した。だが彼らが最初に足を踏み入れたのは剱岳西面の早月川上流だった。わたしは彼らが早月尾根から剱岳に登ろうとして偵察にきたのではないかと考えた。どんな場所なのか。柴崎隊はなぜそこに三角点を設置したのか。現場に立ってみたい。

そんな思いを伝えると山田さんは、気和平三角点は山道から外れ、茂みの中にあるのでわかりにくいという。

地図を出して位置を確認しようとしても簡単ではない。いい方法が考えつかないまま、わたしは山田さんに他の質問を投げかけた。

柴崎隊が錫杖頭と鉄剣を発見したのは剱岳の「絶頂」だった。絶頂とはどこか。最高点であるなら、彼らが設置した四等三角点も限りなくその近くにあったはずだ。剱岳山頂の最高点と柴崎隊が建てた四等三角点はそれぞれどこにあったのか――。

わたしの質問に対し、山田さんから明快な答えが返ってきた。当時の最高点は剱岳社西側の露《ろ》岩《がん》だった。だが現在はもうないという。

露岩の写真は「剱岳測量100年記念　1:30,000　山岳集成図　剱・立山」に掲載されている。尖塔のような岩が天に向かい屹立している。まさに陽石そのものだ。撮影は二〇〇四年とあるので、柴崎隊登頂当時の剱岳最高点は近年まで存在していたことになる。落雷などで破壊されたのだろうか。変化に乏しいはずの山頂でも様子は劇的に変化しているのだ。

わたしは再び山本義孝氏の『立山における山岳信仰遺跡の研究』に戻ってみた。彼は陽石を鼻（端）と呼び、その近くに陰石（窟）があると説く。陰陽融合の形状こそが神仏を湧出させるものだという。剱岳社近くに存在していた露岩を陽石と見立てるなら、かつて二度まで登って確かめた、屋根のない岩窟である剱岳山頂遺跡の岩場は陰石ということになろうか。

どちらも失われてしまったことが残念だ。

だがわたしは山田さんから思いがけない情報を聞き出すことができた。彼は言う。

「柴崎隊が四等三角点として敷設した覘標の針金を固定していた岩が今もありますよ」

わたしは思わず身を乗り出して尋ねた。

「まだある！　どんな岩なんです？」

「トンガリ岩です」

「トンガリ岩！」

柴崎隊が四等三角点を敷設した場所は剱岳最高点の露岩近くではないという。もしトンガリ岩が磐座であるなら剱岳の絶頂は山頂にあるその磐座だったのかもしれない。見晴らしの良い場所を選ぶ測量は、山伏が山頂から遠方の山々を遥拝したのと似たところがある。柴崎隊が覘標の針金を固定したトンガリ岩こそ、わたしが探し求めるZ地点なのではないか！

「どこにあるんです？」

わたしは詰め寄った。だがその位置を伝えるのも口頭では難しい。地図でもこの辺りとしか言えないという。

山田さんは困り顔のわたしに提案をしてくれた。

「毎年一回、剱岳登山をしてるんですけど、八月に早月尾根から登る予定なんです。よかったら一緒に行きますか？　気和平の三角点も案内しますよ」

「もう、ぜひ！」

わたしは願ったり叶ったりの提案に興奮した。山田さんと富山での再会を約束し、つくば市を後にした。

改めて資料に当たり、山頂遺跡や磐座の情報を整理してみる。また次回山頂に立つ前に関係者と会って直接取材もしておきたい。

これまで剱岳山頂に二度立ち山頂遺跡と言われる場所を確かめた。だが正直なところしっくりこない部分が残っていた。

柴崎隊らは見つけた遺跡を「岩窟」と言っていたが、そのようなものは現存しないのだ。近年の調査では大きな岩と岩に囲まれた露天の場所を「竪穴」に近いものとし、剱岳山頂遺跡とみなしている。だがそれは本当に柴崎隊が見つけた岩窟なのか。

その疑問に答える資料があった。『立山文化遺跡調査第一編（昭和三六年度）』（立山町史蹟調査会　一九六一年）には剱岳山頂の岩窟を描いた鉛筆書きのスケッチが掲げられていた。絵を見る限りそれはわたしが見た露天の岩陰のようなものではなく、ちゃんとした穴になっている。しかも岩が天井のひさしのように張り出している。

当時の調査に参加した人はいないか。

富山県埋蔵文化財センターに相談し、調査メモや写真などを閲覧させてもらえることになった。スケッチ画と同じ場所を撮影した写真が保管されてあり、人が二人ぐらい入れる岩窟が写っていた。

その岩窟は山頂のどこにあったのか。同センター調査課の久々忠義氏、岡本淳一郎氏らと確認を進め、やはりそれは剱岳山頂遺跡の岩場の一角と判明した。

つまり当時、現在の剱岳山頂遺跡には大きな穴がちゃんと開いていたのだ。『立山文化遺跡調査報告書』（富山県教育委員会編　一九七〇年）には昭和三六年当時の調査について次のように記してあった。

岩石を除いて岩盤まで約十三糎平均の泥土を調べたが、古銭その他の遺物らしき物を得なかった。

岩石を除き岩盤まで調べたというのだから徹底している。

わたしは資料に現れた三つの岩窟サイズを年代順に書き出してみた。最初の1は柴崎隊の談話を基にした最古の数字だ。

1　一九〇八年　奥行き一・八m　幅一・二m　（午山生）
2　一九七七年　横三m　縦二m　深さ二m　（新田次郎）
3　一九九〇年　奥行き約三m　底幅約二m　高さ約二m　（大和久震平）
4　二〇一六年　南北三・六m　東西二・五m　深さ三・五m　（富山県埋蔵文化財センター）

（資料1「越中劍岳先登記」2『劒岳・点の記』3『古代山岳信仰遺跡の研究』4『立山・黒部山岳遺跡調査報告書』）

四つのうち、2、3、4は同じサイズ感だが、1だけが小さい。つまり1の時点では岩場の内側に岩窟があったものと推測できるが、2以後は穴が埋まったか失われたために外側の岩場全体を遺跡とみなすしかなかったのではないか。

今回見つかった一九六一年の調査報告書にはサイズが書かれていない。だが前述の時系列に当てはめると、一九六一年の調査は1と2の間に当たる。

一九六一年の調査は岩窟の岩石を除いたというのだから、もしかしたら調査後に、動かした岩石で穴を埋め戻してしまったのではないか。それにより1の岩窟は姿を消した――。わたしが感じてきた違和感はそう考えれば理屈が通る。

柴崎隊が登頂した当時の記録に山頂の様子や錫杖頭等を発見した場所などが記録されていないだろうか。

国土地理院には「三等三角網図」「越中國三等三角諸簿 明治四十年度 五百参拾七部」といった観測記録が残されているが、それらの公式記録では判然としない。

わたしは剱岳初登頂に絡む柴崎隊の動向を洗い出した。

「越中劔岳先登記」によれば、錫杖頭と鉄剣を発見したのは柴崎芳太郎を含む六人とされ、その名前が記されている。

彼らの登頂は一九〇七(明治四〇)年七月十三日だ。

測夫　静岡県榛原郡上川根村　生田信（二二）
人夫　上新川郡大山村　山口久右衛門（三四）

人夫　同郡同村　宮本金作（三五）
人夫　同郡福沢村　南川吉次郎（二四）
人夫　氏名　不詳

氏名不詳のメンバーは、後に伝説的な山案内人として知られる宇治長次郎とみられる。彼は一八七一（明治四）年、黒部奥山廻りの杣人として活躍した山田甚蔵の次男として下山和田村（現在の富山市）に生まれた。十三歳頃に宇治家の養子となり山仕事に従事するうち、測量の人夫として働くようになった。

剱岳初登頂者リストに宇治長次郎の名がないのはなぜか。彼は熱心な仏教徒として剱岳山頂を踏むことを嫌い、途中落伍したと言われる。

だが宇治長次郎は二年後の一九〇九（明治四二）年七月に、日本山岳会の吉田孫四郎が登頂したときにも山案内人を務めている（２１２ページ　写真１参照）。

その事実から「熱心な仏教徒だった」という落伍の理由は後世に付会した美談に思える。

彼は小説『劒岳・点の記』の中で重要な登場人物として描かれる。柴崎芳太郎が全幅の信頼を置いて剱岳への先導を依頼するのだ。だがそのような事実が本当にあったことを示す記録はない。

立山の名ガイドとして名を馳せる宇治長次郎は小説に描かれたことで、柴崎隊の剱岳登頂と三角点設置成功の立役者として伝説化されていったのだろう。

「剣岳先踏前後２――陸地測量部員の登攀――」松村寿（『山書研究　七号』所収　日本山書の会　一九六六年）によれば、劔岳に初登頂したのは柴崎を含む六人ではなく、先発の偵察隊だった。「生田測夫が宇治長次郎を連れて登った」という宮本金作の証言に基づく。初登頂に挑んだアタック隊が二人だったという方がリアリティがある。

いずれにせよリーダーである柴崎芳太郎は劔岳への先発隊に加わっていなかった。つまり柴崎は劔岳の第一登頂者でも、錫杖頭の第一発見者でもない。柴崎芳太郎が劔岳に登頂したのは「四等覘標高程手簿」から第二登目に当たる七月二十八日と確認されている。（「『劔岳 点の記』をよりよく理解するための解説　柴崎測量官が劔岳に登った日」山田明（『測量　八月号』所収　日本測量協会　二〇〇八年））

劔岳山頂に最初に登った生田信《のぶ》はどのような人物だったのか。

子孫が存命であると知り、わたしは静岡県榛原郡川根本町に住む孫の生田八朗さんに手紙を書き、訪ねてみることにした。

秋田から新幹線で静岡へ。ＪＲ、大井川鐵道の電車を乗り継いで千頭《せんず》駅に到着した。蒸気機関車が白煙を上げ、まるで冬など来ないかのような暖かい風の中を走り抜けていく。この温暖な土地に生まれ育った生田信が、雪と氷に閉ざされた劔岳に登り詰めたことは不思議な因縁に思われる。

地図を見て駅から進むにつれ、「ノンキ堂生田商店」という看板が見えてきた。雑貨を扱う商店の店先には映画『劒岳 点の記』のポスターが貼られ、ちょっとした資料コーナーが設けられていた。わたしは戸を引いて中に入った。奥から出てきた生田八朗さんは一九八一（昭和五六）年に祖父の写真を持って劒岳に登ったと話した。

「この店を開いたのも祖父なんです。当時からノンキ堂ですよ」

八朗さんによれば、祖父の生田信は一八八五（明治一八）年に千頭で生まれた。上京して郵便配達夫などをしながら測量の仕事に従事していた。遺品などは何か残っていないだろうか。わたしの質問に八朗さんは答えた。

「手帳が残っているぐらいですよ」

手帳と聞いて一気に期待が膨らんだが、それは一九一六（大正五）年に使用された仕入れ商品の書きつけだった。わたしは中を拝見した。ページにびっしりと文字が並ぶ。かなりの記録魔だ。測量夫であったことがわかる気がした。

彼は測量夫を退職した後、故郷に戻って行商をしノンキ堂を開店した。測量や劒岳の話をしなかったので地元では功績が知られることがなかった。「腰までの雪をかき分けて山中を進み、わら沓《ぐつ》で寒さをかばいながら任務に当たった」と劒岳測量の思い出話が家族の間にだけ伝えられていた。八朗さんは神経痛のため足をさすっていた祖父晩年の様子を覚えているという。

残念ながら生田信の末裔を訪ねても新情報を得ることはできなかった。だが生田信は測量夫として劒岳に最初に登り、錫杖頭と鉄剣を見つけ出した人物だったことは確かなようだ。そこが曖味ではリーダーの柴崎芳太郎の業績も正しく把握することはできない。

そもそも先発隊として生田信に与えられたミッションとは何だったのか。一言で言うなら、三等三角点を劔岳山頂に敷設できるかどうかの見極めをすることであった。生田は困難という結論を持ち帰った。柴崎は三等三角点をあきらめ、第二次隊を組織し自ら劔岳に挑んだ。そして四等三角点の覘標設置を実施した。「剣岳先踏前後2」には次のように記されている。

この時頂上に建てられた四等三角点は（中略）高さ僅かに三メートルあまりの材木一本を針金で岩に固定しただけのもので、中央部には二枚の板を十字形に組んで取りつけた。十字形の板のすぐ下には短冊形の板片に「明治四十年……」と建標の日付を墨書して打ちつけた。

四等三角点はなぜその地点に建てられたのか。記載はない。だがここに出てくる針金を固定した岩はまだ劔岳山頂にあるらしい。それを見つけ出せば、きっと隠された事実を明らかにできるはずだ。

二〇一八年八月。わたしは元国土地理院の山田明さんら六人のグループに加わり早月尾根から劔岳を目指すことになった。

早月尾根の登山口付近にある馬場島荘で山田さんらと合流する。メンバーは年齢や登山歴はまちまちだが皆、山田さんに率いられて日本各地の山に登っている登山愛好家だという。

山田さんの登山計画では早月尾根から山頂に登頂後、別山尾根を通って室堂に下山する予定だという。山田さんから気和平三角点とトンガリ岩の位置を教えてもらった後、わたしは彼らと山頂で別れ、再び早月尾根を下山する計画を立てた。

翌日朝六時に出発。

登山口の手前に剱岳鎮魂の社がある。遭難など剱岳で亡くなった御霊のために建てられた社で、周辺には慰霊塔や碑が数多く残されている。わたしはそっと手を合わせた。

鎮魂の社の隣に「試練と憧れ」と刻まれた石碑がある。剱岳に向かう人の心境に迫る名言だ。厳しい現実と夢という剱岳の持つ二面性が対極的に表現されている。この山は試練に満ちているからこそ、飽くなき憧れを生み出す。

わたしは「試練と憧れ」の石碑に無事の帰還を誓った。そして登山地図で五時間ほどかかるとされる早月小屋を目指して道を登り始めた。

最初の一時間は登る一方だ。川のせせらぎも道を登るように下界から響いてくる。なだらかな広葉樹の樹林帯にさしかかり松尾平《まつおだいら》に入った。

樹木が大きく育っているのに早月尾根には水場がない。八月の残暑がわれわれを苦しめにかかった。本来は山の樹林帯にいると涼しいはずだが、ここは風もなく息苦しい。水が補給できる早月小屋までわたしは一リットルの水でしのがなければならない。松尾平を抜けると山道は急登《きゅうとう》の連続、左右に立山杉の巨木が姿を現す。

山には登り味がある。その味は山道によって異なる。

わたしはかつて登った剱岳の別山尾根と早月尾根を比較しながら山道を進んだ。どちらも上級者向けの一般ルートとなっているが、登り味はまるで違う。

別山尾根はスタート地点の室堂までは交通機関が通じているため、コース上に深い森や茂みを抜ける場所はない。地獄谷の不毛地帯から岩がちな斜面を一気に上昇する。

一方、早月尾根は一度、樹林帯に入ったらそれが延々と続く。標高一〇〇〇メートルの松尾平では平坦地を歩くが、それ以外は登りばかりだ。しかも岩登りとは無縁で、立山杉の巨大な倒木やその根をいくつも越え続けねばならない。足を取られないように下を向いて歩くことが多いが、その分、山道のあちらこちらに生える巨木の個性や深い森の神秘性までが感じられる。登山者は太い根や幹にしがみつき急坂を登り続けるうち山をありのまま、息づく自然を全身で感じ取り、同

登山口にある「試練と憧れ」と筆者

化していくように感じる。

別山尾根が死の世界なら、早月尾根は生の世界だ。

立山曼荼羅で劔岳を地獄と見立てたのは別山尾根側だったことに納得がいく。もし立山曼荼羅が早月尾根側の視点や登山体験をもとに描かれたとするなら、劔岳は地獄にはならなかったはずだ。少なくとも針の山ではなかっただろう。

われわれは途中で小休憩を挟みながら、順調に登り続けた。

登山開始から三時間半ほどで「山」と記された標石が見えてきた。山道のど真ん中に設置されている。

「これはね、国土地理院の標石じゃないんだ」

山田さんはぐるりとその周りを歩いて、眺め回しながら言った。

柴崎隊の気和平三角点と間違われやすいが、明治時代に農商務省（現在の林野庁他）が設置したものだという。標高は一八七五メートル付近で、気和平三角点まではあと四十五メートル登らなければならない。

柴崎隊の三角点が設置された標高一九二〇メートル地点には山道に何の目印もない。メンバーが一時休憩している間、山田さんとわたしはバックパックを下ろして山道を少し下った。

「ああ、そうそう。ここから入るんですよ」

立木にピンクのビニールテープがぶら下がっている。それが目印らしい。われわれは茂みの中に入った。わずかに平坦な空間があり、下草の笹の中に白い標石が顔を覗かせていた。標石の上部には「+」、側面には「三等三角点」という文字が鮮明に見える。これぞ一九〇七（明治四〇）年、柴崎芳太郎が設置した三角点である。

柴崎芳太郎がこの地に来て百年以上。それでも標石はちゃんと残っている。わたしは石にそっと手を触れた。柴崎その人の、温もりに触れるような優しい感触が伝わってきた。

この地に立った柴崎はどんな風景を目にしたのか。周囲を見回してみる。確かに見晴らしがいい。下界には中山《なかやま》、クズバ山が見えた。現在は立木に阻まれているが劔岳も見えたという。気和平三角点からの眺めは立山川沿いの南側の山々や渓谷に開けている。逆に柴崎が登ってきた北側の白萩川は見えない。

柴崎が三角点を設置した場所は立山川から登ってくる尾根がぶつかる踊り場のようなところだった。尾根下は毛勝谷とハゲマンザイだ。

改めて地図を開く。広く捉えるなら気和平三角点は早月尾根の現在の登山道と白萩川からのキワラ谷、そして立山川のハゲマンザイ、それら三方向からの道や谷筋が交差する地点にある。三角点がある尾根は立山川側にある。つまりその踊り場はハゲマンザイから続く尾根に属するのだ。見晴らしがいいゆえ山伏たちが踏み分け道で一息つく拠点、あるいは行場だった可能性もある。

気和平三角点は明治期に登頂した柴崎隊が最初に設置した三角点であり、劔岳の歴史において記念すべき文化財だ。それなくして錫杖頭と鉄剣の発見、さらには小説『劔岳・点の記』や映画

カシミール3Dスーパー地形セットを使用

が生まれることはなかった。まさにエポックメイキングな記念物である。

わたしは標石の写真を撮り、山道に戻った。

登り続きの山道では休憩時間が多くなり過ぎてもいけない。もっともわたしには休憩をしている時間などなかったのだが、団体行動をしている以上、他のメンバーをあまり待たせるわけにはいかない。

急登が始まるとまもなく、わたしはまた平場にさしかかっていることに気づき、足をとめた。不自然に開けた場所に石が落ちている。何だろう。標高は一九六四メートル。現在の地図に表示はないが、一九六七（昭和四二）年の「全国高等学校登山大会地図」に小屋が記載されていた。

後日、上市町産業課の深川康志さんに尋ねると、それは一九六〇（昭和三五）年に建てられた登山者用の避難小屋だという。広さは二十六平方メートルというから八坪、アパートやマンションの規格でいうなら1DK程度になろうか。小屋はその後、老朽化によって一九八四（昭和五九）年に撤去されている。昭和の一時期の二十四年間、登山者の拠点だった。

避難小屋が立っていた平場は気和平三角点からわずか五十メートルも登らないところにある。何かいわくありげだ。小屋を建設する際に平地が拡張されたとしても、もともと平坦な場所だったことは間違いない。想像力を働かせるなら、ハゲマンザイから上がってきた山伏の拠点があったと考えてもおかしくない。

さらに避難小屋跡から先にも興味深いポイントが続く。標高二〇五五メートル地点には小さいながら池塘《ちとう》があった。立山の池塘は「餓鬼《がき》の田」と呼ばれる。弥陀ヶ原《みだがはら》の台地上に点在し、餓鬼どもが飢えをしのぐために田植えをしたとされる伝説の水たまりだ。

わたしはそれを「早月の餓鬼の田」と命名した。早月の餓鬼の田から剱岳が遥拝できた。山伏が行場として見逃すわけがあるまい。

標高二一〇〇メートル付近に達し、わたしの目にいくつもの岩とその間に開いた穴が飛び込んできた。一つ、二つじゃない。人間が入れるほどの大きさの穴もある。山道がそれらの間を通過し、花崗岩質の白い岩壁も見られる。

標高2100ｍ付近には岩場の穴がいくつもある

大日岳の山道には行場として有名な七《しち》福園《ふくえん》岩屋がある。花崗岩の巨岩が露出し、岩の間からハイマツやナナカマドが生え出している。白い岩に木々の緑が映えて庭園を思わせる場所に岩窟が四つほど並ぶ。その間を登山道が通過している点も早月尾根の岩場と似ている。

わたしは心の中で呟いた。

「まさに早月の七福園だ！」

早月尾根に行場となり得る場所が眠っ

11早月の餓鬼の田（池塘）　12早月の七福園（岩場と穴）　13標高2600mの平場と遥拝ポイント　14烏帽子岩・獅子頭　15カニのはさみ

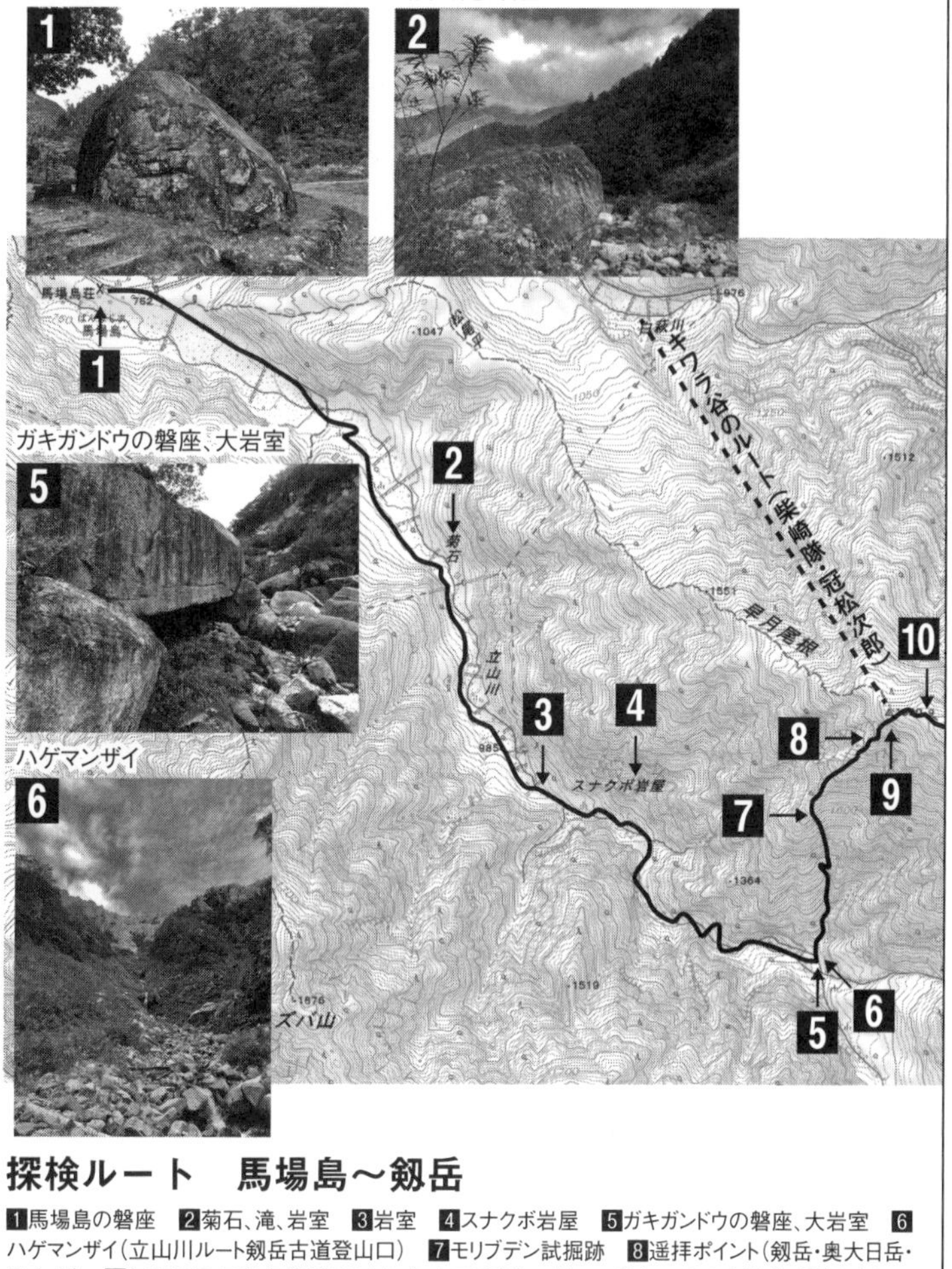

探検ルート　馬場島～剱岳

1馬場島の磐座　2菊石、滝、岩室　3岩室　4スナクボ岩屋　5ガキガンドウの磐座、大岩室　6ハゲマンザイ（立山川ルート剱岳古道登山口）　7モリブデン試掘跡　8遥拝ポイント（剱岳・奥大日岳・浄土山）　9気和平の三角点（標高1920m）、キワラ谷とハゲマンザイルートの合流点、遥拝ポイント（中山・クズバ山・剱岳）　10旧避難所跡（平場）

ていたとは――。どこかで山伏の奉納物や痕跡が発見されれば理想的だが、彼らが法会で使うものは護摩木や紙など土中に残存しづらいものばかりである。何もない方がむしろ自然なのだ。具体的な証拠はないが、山伏好みの環境がこれほど早月尾根に残されていたとは驚きだ。それらは標高一九二〇メートルから二一〇〇メートルまでの区間に集中している。

われわれはちょうど十二時頃、早月小屋に着いた。夏山の繁忙期なので宿泊者は多いが、すし詰め状態を強いられる別山尾根の山小屋よりは快適に滞在できる。

岩場中心のルートである別山尾根に対し、早月尾根は樹林帯を長時間登る。いにしえの山伏が歩いた踏み分け道の雰囲気が色濃く残されている。

山小屋で十分な休養をしたわれわれは翌朝六時前に出発した。登山地図によれば山頂までは三時間二十分の歩行だ。

標高二六〇〇メートルの標識を目指して登り始める。無事に通過できたら獅子頭《ししがしら》、カニのはさみと呼ばれる難所が待っている。別山尾根でカニのたてばい、よこばいに身構えただけに早月尾根でもカニと言われると硬直する。

まさに山伏の修行を地で行くような道である。それにしても別山尾根と同じく難所に「カニ」が出てくるのもおもしろい。どうやら剱岳とカニには切っても切れない縁があるようだ。

標高二六〇〇メートル地点を越え、いよいよ早月尾根の核心部に入った。足場は浮石が目立つガレ場となり相変わらずの急登続きだ。

だが両手、両足の位置を決めて着実に登れば怖がることはない。難所と呼ばれる獅子頭、カニのはさみだが、別山尾根で味わったような恐怖や緊張感はない。わたしは鎖やボルトに頼らず通過することができた。

早月尾根はクライミング道具がなくても登れる。天候が崩れれば危険度は増すが、別山尾根に比べてルートそのものは素朴で単純だ。古代山伏でも通行可能だったはずだ。

尾根をぐんぐん登り、わたしは見覚えがある標柱の前に来た。別山尾根と早月尾根の分岐点だ。思えば最初に別山尾根より劔岳山頂に登ってから二年になる。

わたしは道をそのまま登り続け、劔岳の山頂に立った。

三度目の山頂だ。山田さんはすぐに三等三角点に歩み寄った。まるで我が子を見るように目を細めている。二〇〇七年に設置してから十一年にもなるのだ。劔岳山頂という厳しい環境に耐えてきた石柱を労るように撫でた。彼と記念写真に納まった後、わたしはトンガリ岩について尋ねた。

山田さんは三角点から西側に五、六メートル移動したところにある岩を指さした。

「えっ、これ？」

わたしは彼に聞き返した。

「うん、間違いない」

確かに岩の先端は尖っている。だが天高く突き上げる陽石ではなさそうだ。崇高なものとの出会いを期待していたわたしは肩すかしを喰わされた。

トンガリ岩より、むしろわたしは隣の大きな岩の方にエネルギーを感じた。だが形は立派だが、表面に黄色いペンキで文字が記され、見るも無残である。わたしは書かれた文字を読んだ。

「剱岳　S56・7　登□□□」

読めない部分はおそらく「登頂記念」とかその辺だろう。誰か、ひとりよがりの心ない登山者が記した落書きだ。

山田さんらはわたしと別れて別山尾根を下っていった。わたしは時計を見ながら調査を始めた。かつての剱岳の最高点だった露岩の痕跡は見つかるだろうか。探してみたが、やはり跡形もない。次にわたしは剱岳山頂遺跡の大岩を注視した。岩窟の位置はどこだろう。富山県埋蔵文化財センターで手に入れた写真のコピーを見てみる。

写真には調査員が写り、二人は穴を覗き込んでいる（写真1）。調査員1が手をかける岩の断面は特徴のある「M」字形をしている。わたしはその岩を現在の山頂で探してみた。周囲の様子は一変していたが、「M」字形の岩は辛うじて存在していた（写真2）。わたしは穴があった位置を確かめた。二人の調査員に囲まれた地面は現在、石が敷き詰められている。しかも敷き石は不自然に白い。明らかに穴が埋められたことがわかる。

わたしは石と石の間に深い隙間を見つけ、ヘッドランプで照らしてみた。奥に空き缶など古いゴミが落ちている。間違いなくそこが剱岳山頂遺跡の岩窟だ。

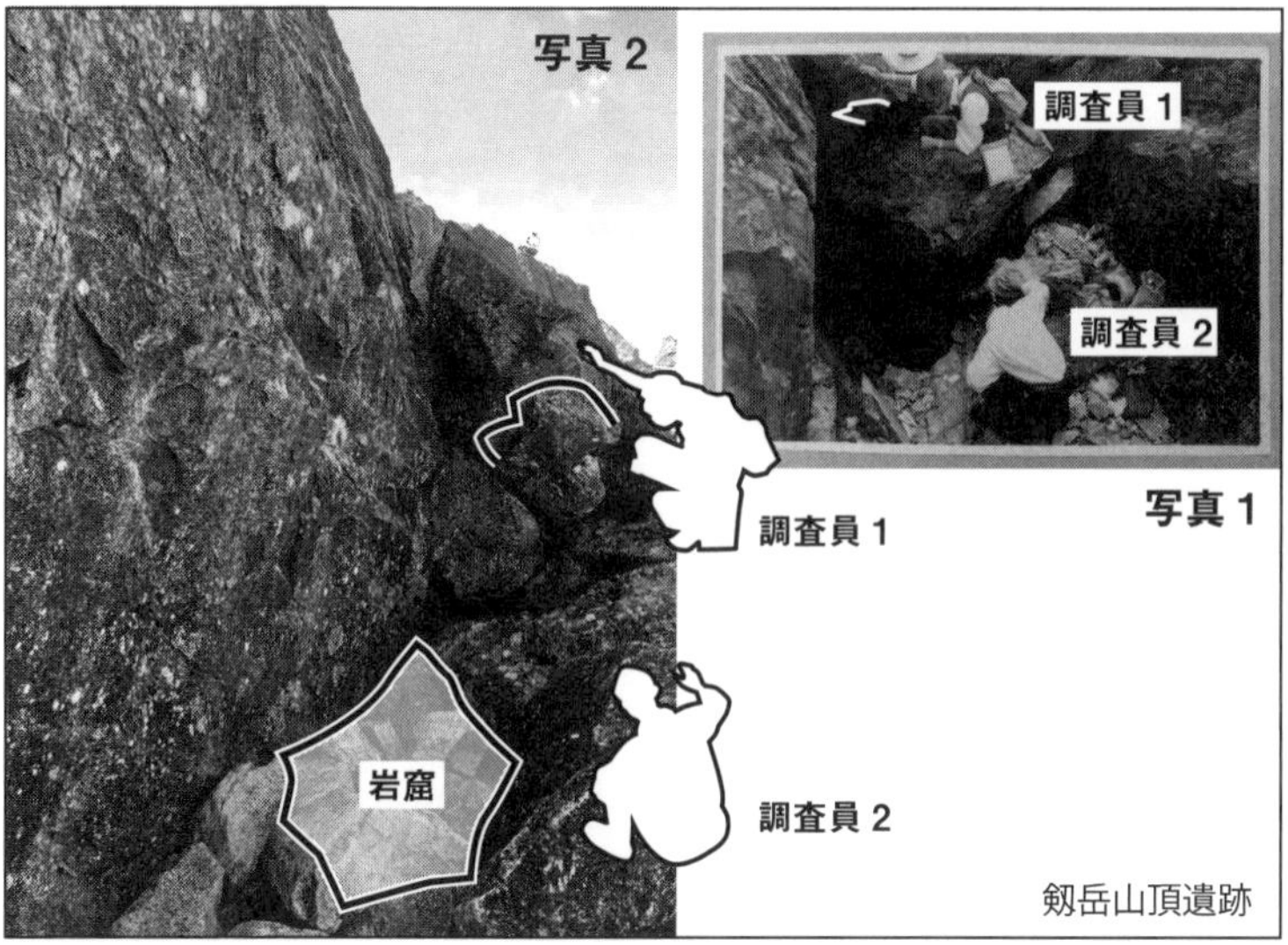

剱岳山頂遺跡

最高点の露岩も剱岳山頂遺跡の岩窟もすでに失われてしまっていた。山頂まで三度も登りわたしが手にしたのがこの結論とは！　愕然とし、呆然自失となりかける。

剱岳の山頂に他に磐座はもうないのか。

神は剱岳からいなくなったのか。

もしそうなら現実を受けとめ、本書に記しておくのがせめてものわたしの役目かもしれない。「剱岳の神、堕《お》つ」と——。

だが、その結論を出すのは早計だ。わたしは剱岳の山頂の岩場を確かめてみる必要がある。


山頂から慎重に下山し、獅子頭、カニのはさみなどを通過していく。剱岳の地名には「大窓」「小窓」「小窓の王」「クレオパトラ・ニードル」「マッチ箱のピーク」などユニークなものが多い。

中には古くから伝わるとみられる地名も紛れている。早月尾根標高二七〇〇メートル付近に烏《え》帽《ぼ》子《し》岩《いわ》と呼ばれる岩がある。烏帽子岩などの古風な名前は、山伏が崇拝した陽石につけられた名前とみなすことができる。

山田さんと会ったことで、柴崎隊が三角点を設置した場所が明らかになった。その近くに錫杖頭と鉄剣が奉納された山頂磐座がまだあるかもしれない。

また気和平三角点は早月尾根の古道を探す上で鍵になる。わたしが注目するのは、気和平三角点がある高台下のハゲマンザイだ。そこに古道の存在を強く感じる。

あとはもう行ってみるだけだ。

第八章　ハゲマンザイへ

誰か、立山川のハゲマンザイについて知っている人はいないか。できれば一緒に現地に行けそうな人を探したい。

二〇一八年に山田明さんと早月尾根に登る以前から、わたしは現地に詳しい人を探し続けていた。

剱岳資料コーナーの運営委員や上市町の職員にも現地の現状を把握している人はいない。古老にして現役の剱岳登山者である白萩南部公民館館長の廣田弘義さんも立山川までは行かないという。キノコや山菜はそれほど山奥に入らなくても手に入る。

では地元登山家はどうか。年間を通じてバリエーションルートに挑み続ける現役の登山家にも話を聞いた。彼らの中には立山川に入り込んだ人もいたが、山伏の古道やハゲマンザイはよく知らないらしい。

わたしは立山ガイド協会のホームページを検索してみた。所属ガイドの会長（当時）が「秋田県生まれ」とある。多賀谷治さんは映画『劒岳 点の記』の製作に参加し、山岳監督も務めた。

わたしは多賀谷さんに手紙を書き、電話で「自分も秋田生まれ」であることを力説した。

「秋田ったって、ほとんど帰ってもないしね」

そう言ってなかなか気乗りしない多賀谷さんをなんとか説き伏せ、彼と一度偵察行に出かけたのは二〇一七年六月のことだ。

残雪期の早月尾根を登り、わたしは多賀谷さんとともに標高二四〇〇メートル付近に達した。強風が勢いよく吹き上げてくる絶壁から毛勝谷を見下ろした。岩場はストンと下界に落ちている。そこは佐伯邦夫さんが一九五〇年代に初登攀した崖でロッククライミングの岩場だ。わたしは実際に絶壁から下を覗き込んでみて、錫杖頭や鉄剣を携え登頂した古代山伏がわざわざここを登った可能性は低いという確信を得た。

毛勝谷からの剱岳登頂については、柴崎隊の前年に当たる一九〇六(明治三九)年、佐伯某、志村徳助らが登ったという記録があった。彼らは毛勝谷のどこから登ったのだろう。

改めて地図で検討する。毛勝谷は広い。佐伯さんが登った上流部は崖が両側に迫る隘路《あいろ》となっている。一方、下流の毛勝谷出合いと呼ばれる立山川流域のハゲマンザイ付近は緩やかだ。佐伯某、志村徳助らは決死の覚悟で登っていたはずだが、毛勝谷最奥部の岩場をわざわざ選ぶ必然性はないだろう。

たぶん彼らも毛勝谷出合いの比較的緩やかな斜面から登ったに違いない。わたしもチャレンジしてみたくなる。多賀谷さんとその年の秋に出かけるスケジュールを組んだが悪天候のためキャンセルせざるを得なかった。

ちょうどその少し前、ＮＨＫ富山放送局の番組ディレクターからメールが届いた。わたしの剱岳での取り組みをネット検索で知り、関心を持ったという。

探検の現場にテレビカメラが入るとややこしいことが起こる。局面ごとにカメラに向かってコメントをしなければならないから、探検を主としているはずが、いつしかテレビ番組のための探検劇場で自分が探検家を演じなければならないことになりかねない。

しかしわたしはテレビ番組のメリットを実感したことがあった。それは『ロビンソン漂流記』のモデルとなったとされる漂流者アレクサンダー・セルカーク（一六七六〜一七二一）の住居跡を探していたときのことだ。南米チリの島で何度尋ねても「知らぬ、存ぜぬ」を決め込んでいた現地人が、テレビ番組のクルーがカメラを向けた瞬間、「それ、知ってる！」と態度を一変させたのだ。お陰でわたしは世界中の誰も見つけられなかったセルカークの住居跡を発見できた。剱岳でも何かいいことが起きるかもしれない。

たまたま富山にいることもあり、わたしはＮＨＫ富山放送局の相馬皓介さんを訪ねた。受付に姿を現したのは長身細身の若者。大学を卒業して入局したてなのだという。大学でワンダーフォーゲル部に所属していた彼がわたしの剱岳プロジェクトに興味を示したのは当然といえば当然のことであった。

だが入局一年目の新人に何ができよう。番組作りが情熱だけで成り立たないことは、放送局勤務をしたことがないわたしにも自明の理だ。

ところがわたしは彼が発する一言に敏感に反応した。

「わたし、秋田出身なんです」

「聞き捨てならんな」わたしは心の中でそう呟き、ローカルな話題を振ってみた。すると彼の実家はわたしが暮らす家からそう遠くない。同じ焼肉屋を知っているし、彼が通っていた高校の近くに今わたしが暮らしている。

「ひょっとして上市町教育委員会の三浦さんを知ってたりしないよね」

わたしの質問に相馬さんは怪訝な顔をして答えた。

「いいえ、知りません」

「ひょっとして」と思って尋ねてみただけだが、知らなくて当然だ。だがわたしの剱岳プロジェクトにおいて秋田つながりが結びつきつつあるようだ。何かが始まる予感がする。

相馬さんと別れた後、わたしはＮＨＫ名古屋放送局に勤務する知人の宮形佳孝さんにメールした。すでに彼にはわたしの剱岳での活動を話していた。人間関係はどこでどう結びつくかわからない。わたしが宮形さんと出会ったのは大阪にある日本ウミガメ協議会だった。ウミガメの背中に発信機をつけて追跡し、浦島太郎の龍宮を探し出そうと取り組んだプロジェクトでお世話になった。その後、彼は転職して現在の職場に移ったが、わたしの剱岳探検に関心を持つ相馬さんと宮形さんが結びついて番組化が決まれば、わたしはそのうねりを自分の探検にプラスに働かせられるだろう。

年が明けた二〇一八年三月、相馬さんから電話が入った。彼が企画書を提出していた剱岳の番組案が採用されたという。わたしは前年に出会って別れた後も彼にプロジェクトの進捗を伝え、宮形さんとも情報を共有していた。それが実を結び、わたしの剱岳探検に同行する番組を富山局が制作し、中部地区で放送することが正式に決まった。

わたしのハゲマンザイ探検は暗礁に乗り上げたままだったが、二〇一八年夏を前に、タイミングのいい「渡りに船」がきた。話がトントン拍子に進むのはやはり憧れる人が多い剱岳の謎だからだろう。

相馬さんはわたしに尋ねた。

「ガイドさんは誰にしましょう」

わたしは真っ先に多賀谷さんの名前を挙げた。

二〇一八年八月。山田さんと剱岳に登った一週間後にＮＨＫの番組クルーらと合流し、ハゲマンザイルートに挑む予定となった。

だが思いがけず台風が接近してきた。台風二十号は山田さんと別れて下山した翌日に勢力を拡大し四国に上陸した。続いて二十一号が発生したこともあり、ロケ延期の可能性が出てきた。

わたしは上市峰窓会《かみいちほうそうかい》の藤田啓一さんに連絡を取った。以前、彼にハゲマンザイ行きの協力を打診したことがあったが実現できなかった。難易度を少し下げ、早月川の南を流れる千石川の沢登りを提案すると彼は「行ったこともあるし」と快く同行してくれることになった。せっかく富山にいるのだ。川の渡渉《としょう》は本番となる立山川遡上《そじょう》にいいトレーニングとなりそうだ。

わたしは彼の手を借りながら高い堰堤《えんてい》をいくつか越え、腰まで水に浸かりながら川の上流部まで進んだ。水の中での足の動かし方、速い流れのやり過ごし方などの感覚をつかみ、立山川の遡上に対しても自信が持てた。

沢登り、岩登り、ヤブ漕ぎ。整備された山道を歩く登山とは違い、探検登山にはトレーニングが欠かせない。一番いいのは現地に近い場所での経験だ。

準備は万端。だが台風は予想通り接近し、ロケは約一ヶ月後の九月十八日に延期された。わたしは秋田に戻り待機した。

出発の前日になり相馬さんから再延期の連絡が入った。台風と大雨の影響で立山川が増水し危険な状況だという。新スケジュールは月をまたいだ十月になった。ところが出発直前にまたしても台風二十五号が発生した。

結果的にそれは杞憂に終わった。台風は十月七日に日本海に抜けたところで温帯低気圧に変わったのだ。

わたしは十月八日に秋田から富山に入り、馬場島でロケ隊と合流した。当初予定していた八月末のロケが流れ、気がつけば十月初旬だ。季節は夏から冬へ。すでに山頂では十月二日に雪が降ったらしい。行けるとしたらこれが今年最後のチャンスとなる。

馬場島でわたしは多賀谷さんと再会した。挨拶とお礼をすると「夢を叶えたね」と言葉が返ってきた。だが夢を叶えるのはこれからだ。

われわれのチームは番組に出演するわたしと多賀谷治さん、NHK側からはロケ隊リーダーでカメラマンの田村幸英さんが参加した。彼も秋田にゆかりがあるという。さらにドローン撮影担当の矢守永生さん。名古屋局から来た中洞拓人さん。音声を担当する神山豊さん。いずれも屈強揃いとされるNHK山岳班所属のクルーたちだ。それにディレクターの相馬さん、ポーターの杉山元康さんを加えた八人だ。

予定は三泊四日。

初日　馬場島荘集合後、簡単な撮影を行う。
二日目　馬場島から立山川を遡ってハゲマンザイでテント泊。
三日目　標高約一二六〇メートルのハゲマンザイから斜度四十五度の谷筋を登り早月尾根へ。気和平三角点がある標高一九二〇メートル付近で登山道に出たら早月小屋まで登る。
四日目　早月小屋から劔岳山頂へ。その後、馬場島まで一気に下り解散。

天候や路面凍結の程度など未知数な部分はあるが、ともかくここまでは漕ぎ着けたのだ。わたしにとって悲願のハゲマンザイ行きがついに始まる。

十月九日。馬場島荘で朝食を済ませて出発。撮影を行いながらの山行なのでその分、時間がかかる。出発前の心境、途中で感じたことなどをその都度カメラに向かいコメントする。

「剱岳ってどんな存在なんですか」

登る直前、わたしは多賀谷さんに質問をしてみた。

「なんちゅうの、怖い親父って感じだネ。登るんだって、なんかごしゃかれにいくみたいなとこあるよね。風がバアッって吹いてくるし」

親父。叱られにいく気分。わたしはなるほどと思った。古来、剱岳は不動明王とされてきたが、多賀谷さんが剱岳に抱くイメージと重なる。

われわれは東小糸谷から立山川と並行に走る作業道を歩き始めた。

地図に残る地名を頼りに、それぞれの場所を探しながら立山川を遡っていく。菊石、スナクボ岩屋、ガキガンドウを経て毛勝谷出合いのハゲマンザイへ。ハゲマンザイは他の地図ではガキガンドウよりも立山川の下流に示されている。今回の探検はハゲマンザイの存在を知ることになった高校登山大会用の地図に従って行う。

前方に見上げるほどの巨石があるのが目に入ってきた。菊石だ。菊の花の形をしているわけではない。名称の由来は石の上に菊の花が咲いていたという伝説による。また石の表面に菊の文様が見えるとする説もあるが、それらしいものは見えない。迫力とオーラが滲み出る山のような大石だ。

石の上に登ってみるとそれまで気づかなかったものが目に飛び込んできた。滝だ。立山川を挟んだ対岸の崖から一条の白滝が流れ落ちている。石に登ったときにだけ滝が正面に見える。

立山川に臨む菊石

　滝という水神と対峙する行場に違いない。対岸には洞穴も二つばかり見えた。菊石が「行場だった」と書いている資料はないが、もしわたしが山伏なら、間違いなく滝を前に座禅を組むだろう。

　わたしは菊石と山岳信仰の繋がりを考えてみた。立山、富士山とともに日本三霊山に数えられる白山に鎮座する白山比咩《しらやまひめ》神社の祭神は菊理媛尊《くくりひめのみこと》で「菊」がつく。菊石はそれと関係があるのではないか。

　立山と白山には共通する部分がある。どちらにも大汝山、別山と呼ばれる山があり、白山の登山口は加賀馬場、越前馬場、美濃馬場の三馬場だが、剱岳の登山口にも馬場島がある。その視点で菊石を見つめると、立山と白山を行き来していた山伏の影が見え隠れする。地名や路傍の石に歴史が秘められているようだ。

　菊石を通過してほどなく、われわれは堰堤を乗り越え立山川を遡上し始めた。川の水温は低いが耐えられないほどではない。水量が多くなかった分、渡渉は稀で大きな岩を乗り越える岩登りがメインだ。

次の目標は立山川の右岸にある「スナクボ岩屋」だ。そこにたどり着く前、われわれは大きな岩窟を見つけた。中には古いビニールシートが落ちていた。登山者か堰堤工事の作業員などがビバークしたテントの一部だろう。

この岩窟に着いた頃、NHKのクルーに異変が起きた。サブカメラ本体と記録メディアのSDカードに相性の悪いものがあることに気づいたようだ。彼らは茂みの中で確認作業を始め三十分以上が経過した。撮影し終わった分は問題ないというが、サブカメラはリスクが高いと判断された。ここまで来てしまった以上、交換するために帰ることはもうできない。

岩登りのような立山川の遡上

われわれは山行を再開した。今度は切り立った茂みを登り始める。すると古いロープが岩場にくくりつけられていた。立山川の流域には江戸期に硫黄を運んだ道があったというが、ロープはそれほど古いものではない。

立山川沿いの地名を詳しく記載する「1967－(11th) 8・18－8・22全国高等学校登山大会地図(立山・劔岳・薬師岳)」には菊石とスナクボの間に六つの地名が並ぶ。右岸にキクワウチ、カラ谷、丸出し。左岸に一本取谷、赤ガレ谷、堀ノ内。地名は人跡を表す。地名の多さから人の往来の濃さがわかる。

われわれはスナクボに達した。だが岩屋は見つからない。もしかしたらビニールシートが落ちていた岩窟がそれだったのかもしれない。地図に表記される地名が現地のどの範囲を示すかはあいまいだ。周辺の地面が砂でおおわれていることから、スナクボとは砂の窪地という意味なのだろう。

スナクボから先は川の両岸が迫り、急峻な岩の登り下りが続く。わたしは水中を歩く遡行を想定してフェルト底の沢登りシューズを持ってきた。だが表面がツルツルとした石には逆効果で、かえって滑りやすい。わたしは両手、両足だけではなく、膝や肘も使って岩の上に這い上がった。取材班は大変だ。荷物が重い上、わたしに先回りしてカメラを回さなければならない。

風景は秋色に染まっている。だが昨シーズンに降った氷雪がまだ解けずに横たわっていた。季節感覚や時間感覚が麻痺する。

矢守さんが水辺でじっとしているイモリに気づいた。

「よく見つけましたね」

わたしが言うと、矢守さんはまるで決まり文句のように答えた。

「ヤモリという名前ですからね。詳しいんですよ」

山歩きの楽しさはそれぞれの興味や視点を共有できるところにある。山に入って古道一辺倒のわたしも、そんな会話に息がつける。

スナクボから立山川の上流にはヒコザ谷、ガキガンドウと地名が並ぶ。ガキガンドウにたどり着くと、崖上に大きな岩がせり出していた。ガキとは「餓鬼の田」と同じ、餓鬼のことだろうか。ガンドウを龕灯と解釈するなら、仏壇のともし火となろう。ここにも山伏の影がちらつく。あるいはガンドウは大きなノコギリのことをさす。「劔岳地名大辞典」によれば黒部の方にはガンドウ尾根と呼ばれる尾根があり、ノコギリ状の形をしているという。

ガキガンドウの岩室

そのガキガンドウの対岸に巨大なまな板を横にしたような岩があり、その下に岩窟が口を開いていた。
十人入ってもまだ余裕がありそうな大穴だ。鬼の居場所と考えるなら、正面の餓鬼とも対応する。やはり地名には名づけられただけの背景があるのだ。

巨大岩窟は地母神《じぼしん》、すなわちグレートマザーを思わせるような陰石だ。剱岳の麓で口を開くこの巨大な岩窟こそ、剱岳の女神と言ってもいい。発掘調査をしたら何か見つけられるに違いない。その価値は十分にある。

ガキガンドウから先、立山川の流域は広く開けていく。剱岳の直下でその扉が開かれるような開放感を味わう。

立山川を遡行するうち、わたしはふと素朴な疑問を胸に抱いた。なぜこの川は立山川と名づけられたのか。

立山三山の近くを流れる川ならいざ知らず、ここは早月尾根の麓である。もしかしたら、この立山川は古代にまで遡る地名かもしれない。大伴家持は立山を「たちやま」と呼んだ。彼が歌を詠んだのは剱岳が正面に見える早月川の下流であった。その早月川の上流にあたり、剱岳の麓を流れる立山川は本来「たてやま川」ではなく、「たちやま川」と発音されていたのではないか。立山三山から遠く離れたこの川を「たてやま」と呼ぶ違和感は、「たちやま川」と呼び変えてみることで理路整然とすっきりする。

ガキガンドウを越え、われわれはハゲマンザイに到着した。

毛勝谷の出合いに位置するハゲマンザイでは大きな岩が転がり、立山川が水音を響かせながら流れていく。

午後四時。出発から八時間は経っているだろう。途中、サブカメラのアクシデントでロスタイムがあってもこの時間にたどり着けたのだから感謝しなければならない。

多賀谷さんは夏のうちにテントや鍋などをハゲマンザイまで運んでくれていた。そのおかげでわれわれはスムーズに野営の準備に入ることができた。やがて暗くなり、夕食の準備が整った。夕食は多賀谷さんと杉山さんが作ってくれた。

「できたよお」

多賀谷さんの呼びかけにわたしは鍋の前に進んだ。ヘッドランプを灯すと、湯気の中身がチラリと見えた。

「もしかして、きりたんぽ⁉」

わたしが尋ねると多賀谷さんは微笑んだ。

きりたんぽは秋田の郷土料理だ。つぶしたうるち米のご飯を串に巻きつけて焼いたもので、元来、熊撃ちのマタギが山に出る際に常備する。山野で手に入れた野鳥の生肉、山菜、きのこなどと一緒に鍋に入れて煮込む野外料理だ。

たぶん彼が晩のメニューにきりたんぽを用意したのは、今回の取材チームに秋田関係者が多いということを意識してのことだろう。八人のメンバー中、わたしと多賀谷さん、カメラマンの田村さん、相馬さんの四人が秋田と縁がある。

わたしのバックパックの中にも秋田の食品が入っていた。初日の夕食に配ろうと思って持ってきたいぶりがっこだ。いぶりがっこは大根を煙で燻《いぶ》して米ぬかなどで漬け込んだ秋田の郷土食だ。

スモーキーな味は一度食べるとクセになる。

われわれは夕食を食べ、早々にシュラフに包まった。時間は夜九時。剱岳が突き上げる天空には、岩間を流れる立山川がそのまま映し出されたかのような天の川がかかっていた。その輝ける星の光は立山川で白い飛沫をあげる水のように清白に輝いていた。

翌十月十日。いよいよ勝負のときがきた。

ハゲマンザイから早月尾根まで登れるだろうか。麓から見上げると、斜度四十五度の谷筋には息をつけそうな場所がない。あっても足場が安定しているかはわからない。

ハゲマンザイの谷筋

地図を見ながらルートを検討する。滝が段になって落ち込んでいる。それをうまく巻きながら高度をかせぎ、谷筋から尾根筋に出る道を探そうと計画を立てた。容易ではないが断崖絶壁のように初めから匙を投げてしまうほどではない。チャレンジしがいのある場所だ。

わたしはその斜面を見つめながらハゲマンザイの意味を問うてみた。「ハゲ」はなんとなくわかる。谷筋が崩落したまま植生《しょくせい》が剝ぎ取られ、山肌が露わになった様子を言うのだろう。

では「マンザイ」とは何か。すぐに思い浮かぶのはお笑いの漫才だ。あながちそれも無関係ではない。漫才は万歳《まんざい》につながり山伏らが行った神楽に通じる。

ウェブで公開されている公立大学法人国際教養大学地域環境研究センター文化庁地域伝統文化総合活性化事業「秋田民俗芸能アーカイブス」によれば、秋田県鹿角市十和田《とわだ》の月山《がっさん》神社に伝わる川原大神楽《かわらだいかぐら》で万歳が披露される。それは修験者だった相川家が取り仕切っているという。

立山川を遡ってきた山伏が早月尾根に取りつくこの場所で神に捧げる万歳を披露したのがハゲマンザイの由来だったかもしれない。

もちろん想像の域を出ないがマンザイという言葉は、笑いさえ起きないこの場所にはあまりにも似つかわしくない。せめて山伏との繫がりを考えることで辛うじて辻褄が合いそうだ。

出発前にカメラマンの矢守さんがドローンを始動させた。登り始めの様子を上空から撮影するという。だが思いがけない事態となった。試運転を始めた矢先、上空に舞い上がった機体は制御不能となり谷底に転落していった。

「回収してくる」

多賀谷さんと田村さんが飛び出した。岩を降り、沢のほとりを駆け下りていく。静観するばかりのわたしは矢守さんに聞いた。

「どんな状況だったんですか」

「急に電圧が低下したようなんです。上空と気温差がありすぎるのかな」

十分ほどで回収に出た二人が戻ってきた。田村さんが苦い顔をして言う。

「岩の上に落ちてたよ。木にでも引っかかっていればって思ったんだけどな。川に落ちなかっただけいいか。流されたら回収だってできないからな」

ドローンは岩に激突したらしく、電池が飛び出し羽根が折れていた。

「使えないな」

矢守さんは下を向いた。

われわれは壊れたドローンをテントなどと一緒に残し、後で多賀谷さんに回収してもらうことにした。

時計を見ると出発予定時間を過ぎている。相馬さんがわたしのヘルメットに小型カメラを装着した。ドローンが使えなくなったこともあり、その重要性が増した。

気を取り直してハゲマンザイの坂を登り始める。

足場は浮石が多い。われわれは注意深く足を踏み出した。歩きやすい場所を選びながら、高度を稼いでいく。やがてガレ場をそのまま直登できなくなった。

われわれは迂回するように土の斜面に取りついた。下草の笹は根がしっかり張っているので、何本も束ねてつかみ、腕に力を入れて体を引き上げる。すぐに傾斜がきつくなり、足場が悪い所では簡単に這い上がれない。不安定な急坂が続くとみた多賀谷さんはわたしのハーネス(安全帯)

にロープを装着した。万が一、転落したときのためのものだ。

少し緊張する。もしわたしが落ちたら、多賀谷さんも一蓮托生《いちれんたくしょう》ということだ。しかも多賀谷さんとわたしは一定間隔を保ったままロープを張った状態で登らなければならない。ロープがたるんだまま滑り落ちると、上にいる人に急激な荷重がかかり危険度が増す。

高度が上がり、つかまれる笹がなくなった。木の枝をつかもうとしたが乾いて折れている。またカメラの重さでヘルメットが傾き前が見づらくなる。わたしは斜面に全身でしがみつき、足や手を少しずつ動かして前進した。それは斜面で行う匍匐《ほふく》前進のようで息が切れ、汗が流れ落ちる。休んで水を飲み始めたら多賀谷さんから注意を受けた。

「山っちゃ、汗かくとダメなこと多いかんな。ここの滝より多いんじゃないか」

そう言う多賀谷さんは汗ひとつかいていない。

多賀谷さんとはこれで二度目の山行だが、山登りの達人と素人を分けるのは発汗量だ。汗はかけばかくほど体力が奪われ、衣服を濡らすことで体温を下げる。いいことは何ひとつない。多賀谷さんは山道で決して転ばない。山登りのプロはケアレスミスをしない。完璧な登り、下りがある。

ときに多賀谷さんは手厳しい。その厳しさこそ彼が剱岳で学んだことなのだ。わたしは剱岳の不動明王が多賀谷さんに降臨してきたと感じる。いや、剱岳登山を「親父にごしゃかれにいく」と表現する多賀谷さんは、それを繰り返すうち人間剱岳のような存在になったのではないかとさえ思った。

やがてわれわれの前途に崖が立ち塞がった。わたしはその壁面に人為的な穴を見つけた。

「あの穴なんかありますよ」

わたしは多賀谷さんにそう言った。

「え、そうげ？　別に変わったとこはないようだけど」

多賀谷さんはやんわりと打ち消したかのようだが、その壁に向かい始めた。わたしは現場で受ける直感を何より大切にする。多賀谷さんはそれを頭ごなしに否定せず尊重してくれる。

進んでみると鋼色に光る鉱物が地面に落ちていた。モリブデンだ。第一次・第二次両大戦中、剱岳の北部で採集されていたという記録はあるが、鉱夫がこの辺まで探鉱にきたのかもしれない。

毛勝谷から剱岳に登った佐伯某、志村徳助も探鉱目的で山に入っていた。どんな人々だったのだろう。

後日、わたしは佐伯某とされる三川仁助の孫に当たる金子玲子さんに会いに出かけた。三川仁助は三井鉱山が経営する亀谷《かめがい》鉱山や足尾《あしお》銅山で働いていた。

「鉱山を探すためならどこにでも行ってましたね。剱岳にはすでに多くの人が登ろうとしていたんじゃないでしょうか」

金子さんは祖父のことを思い出しながらそう言った。

彼が剱岳に登頂するルートを毛勝谷で見つけられたのは探鉱で鍛えた経験があったからだろう。

わたしがハゲマンザイのルート上で見つけた壁の穴が探鉱の跡なら、それこそ三川仁助の足跡かもしれない。

古代の山伏にしても山に入る大きな目的のひとつが探鉱だった。時代を超えても人間は同じことを繰り返している。

やがてわれわれは谷筋から尾根筋に抜けた。そこで多賀谷さんがわたしのハーネスの安全ロープを外した。

前途には片側が崩れ落ちた尾根が延びている。カメラマンの中洞さんはそんな過酷な場所でも、先回りをして上や下、横からもわれわれを撮影した。山岳カメラマンというのはいったいどういうトレーニングを積んで天狗みたいな離れ技を身につけるのだろう。山伏が山中で会得する験《げん》のように、凡人にはマネのできない技能だ。

高度が上がり、ヤブ漕ぎの難所が増える。しかも悪いことに雨が降り出した。途端に滑りやすくなり危険だ。両足、両手の位置を着実に決め、一瞬たりとも気を緩められない。絶壁のヤブ漕ぎは岩場よりも安全確認が難しい。滑ったら一気に奈落の底に転落してしまう。

わたしはどうにか崖上に這い上がった。するとどうだろう。それまで見えなかった風景が目前に展開した。

眼下には紅葉色に染まる毛勝谷、正面にベレー帽のような形をした奥大日岳《おくだいにちだけ》(標高二六〇六メートル)、隣には室堂乗越の谷筋とその上に綺麗なピラミッド形をした浄土山が小さく見えた。立山曼荼羅では浄土山の上空に阿弥陀如来と二十五菩薩が描かれ極楽浄土とされる。

「大日如来と極楽浄土！」

わたしは声を上げた。長いヤブ漕ぎのクライマックスで、眼前にその二山が姿を現した。しかも木々の間から剱岳も見える。完璧だ。完璧な遥拝地点だ。

ハゲマンザイ上の尾根から望む奥大日岳（中央奥）と室堂乗越（左）

感動も束の間、突風が吹き荒れた。強風に煽られわたしの体は傾いた。汗をかいた服が体温を一気に奪い始める。他の取材クルーはまだ下にいた。わたしは中綿のジャケットをレインウエアの下に着込み、ヤブの中に身を潜めた。意外にも暖かい。笹の葉陰でやり過ごしているうち相馬さんが登ってきた。

「みんな来てる？」

わたしの質問に彼は答えた。

「たぶんだいじょうぶだと思うけど」

撮影隊と間隔が開いてしまっているようだ。

たまに「オーイ」と叫ぶ声が下から聞こえてくる。

その度に多賀谷さんは「ホー」と声を上げる。

後続隊が合流し全員が無事に尾根に登り切った。今やわれわれの前途には崖も谷底もない。なだらかな笹のヤブが広がっている。

カメラの準備が整うと多賀谷さんとわたしはヤブの中を漕ぎ進んだ。ヤブはすこし下り坂になり、空が開けた。樹木が薄くなり、見下ろすとそこに山道があった。

「着いた！」

早月尾根の一般登山道だ。われわれが出たのは気和平三角点の少し上の地点だ。

山道に出て、わたしは多賀谷さんと握手をした。

カメラが近づいてきて、相馬さんがわたしに話しかける。

「どうでしたか」

わたしは意識に湧き上がった言葉をそのまま口にした。

「修行でした」

細かい雨が降り続く中、われわれは早月小屋にたどり着いた。空は明るいがガスっていて山々は見えない。

ともかく安全地帯にたどり着いた。そこでポーターの杉山さんが思いがけない告白をした。

「危うく死ぬところでした」

雨が降り出した頃、崖の上下で「ホー」と声をかけ合った。たぶんその頃だろうか。列の最後尾を歩いていた杉山さんが急坂の濡れた地面に手足を取られた。そのまま滑落しかけたが、履いていたスパイク足袋の鋲《びょう》が地面を捉え、辛うじて停止できたのだという。

「壊れたドローンを担いでいたとしたら、アウトでしたね」

彼の荷物はドローンがなくても十分重そうなのだが、それが生死を分けたのかもしれない。

過酷なヤブ漕ぎを終えハゲマンザイを登り切った。その感慨に浸る間もなく、われわれは翌日、剱岳山頂に行かなければならない。

だが低気圧が近づいてきた。わたしの足をぐらつかせた疾風は低気圧の先陣だったのだ。案の定、翌日は雨に見舞われた。小屋で待機し期待を翌々日に寄せたが、低気圧の進行は遅く、またしても待機。われわれは天気図を見ながら計画を立てては変更するという繰り返しを余儀なくされた。

ここは粘るしかない。早月小屋で三晩待機し寝食を共にするうち、全員が旧知の友のような存在になった。

われわれが剱岳山頂アタックを決行したのは十月十三日のことだ。午前三時に起床すると眼下に富山湾と富山市の夜景が広がっていた。快晴だ。小さな高気圧が次々と流れてきており、移ろいやすい天気であることに変わりはない。午後には崩れそうなので一瞬の間隙《かんげき》を突こうと午前四時半に出発する。

歩き始めて約一時間半。標高二六〇〇メートル地点を通過した。地面には霜柱が立っている。難所である獅子頭やカニのはさみの路面が凍結していないことを願うばかりだ。

幸い太陽が出て気温は上がってきた。われわれは慎重に前進し、午前八時に山頂に着いた。

立山川のハゲマンザイからついに山頂まで来たのだ。待機して日数も長引いただけに、喜びもひとしおだ。

「今回の山行を振り返って、剱岳ってどんな存在でしたか」

カメラクルーと一緒に近づいてきた相馬さんがわたしに尋ねた。

「不動明王だってことがわかりました」

それは今回ばかりか、過去五度にわたる剱岳登山を通して感じたことでもあった。

剱岳は忿怒《ふんぬ》の形相で人間の前に立つ。近寄り難い威厳に満ちた不動明王そのものだ。

実際に登ってみると剱岳の難所や急登は想像以上に厳しい。だがどんな豪雨や疾風に煽られても剱岳は刃のような山体を微動だにさせることなく直立不動でいる。そこに抗い難い憧憬が喚起される。照っても降っても剱岳と同じ空気の中にたたずめば、何事にも動じない剱岳と一体になれる。様々な困難を乗り越えて山頂に立つとき、人はついに不動明王から無限の力強さや忍耐力を授けられるのだろう。

ハゲマンザイという道なき道からのアプローチに挑んだことで、わたしは古代山伏が剱岳に追い求めたものが見えてきた。

剱岳に惹かれるのはその厳しい山との一体感ゆえなのだ。剱岳に登ったファーストクライマーが求めていたのは現世に出現した不動明王と一体となる境地であった。山に宗教を求めない現代のわれわれでも剱岳に登って得られる肉体的、精神的なパワーは実感できる。

カメラクルーが遠くに見える山並みなどを撮影している間、わたしは山頂の磐座について調査を始めた。

八月に山田明さんとここに来たとき、彼はトンガリ岩を教えてくれた。柴崎隊が設置した四等三角点の覘標から延びる針金が結びつけられていた岩だ。

わたしはトンガリ岩と覘標の関係を客観的に確かめてみたいと思った。柴崎隊が選んだその地点こそ、彼らにとっての劔岳絶頂であり、錫杖頭と鉄剣が発見されたZ地点ではないのか——。

ポケットから写真のコピーを取り出す。柴崎隊に続く一九〇九（明治四二）年、劔岳登頂に成功した日本山岳会の石崎光瑶《いしざきこうよう》が劔岳社の辺りから撮影したものだ（次ページ 写真1）。露出の関係で元の写真は山頂の覘標と人物しか見えなかったが、立山博物館の吉井亮一氏が背景の山を印画紙に焼き込み、全体を一枚の写真に写し出すことに成功した。その写真ではトンガリ岩は手前に立つ人物（宇治長次郎）の陰になってわかりづらい。

そこでわたしは、写真の山並みと実際に見える山から検証してみることにした。

幸い快晴の今日は山々がよく見える。写真に写っているのは劔岳の北東方向だ。後立山《うしろたてやま》連峰の白馬岳《しろうまだけ》（標高二九三二メートル）が背後に横たわる。トンガリ岩は劔岳山頂から白馬岳を見る位置に立っている（写真2）。

さらに同じ角度から撮影された別の写真と見比べてみる。一九二一（大正一〇）年に劔岳登頂に成功した人たちも記念撮影をしたのはトンガリ岩の前だった（写真3）。

写真2：現在の剱岳山頂

写真1：明治42年の様子
（柴崎隊登頂から2年後）

写真3：大正10年の様子

安曇野市所蔵「杉本誠収集作品」／富山県［立山博物館］提供

松本市立博物館提供

わたしはトンガリ岩のサイズを計測した。高さは八十四センチメートル。幅は五十センチメートル。写真に写る人間のサイズ感とも合致する。

覘標が置かれた正確な位置はどこか。

二つの写真から覘標はトンガリ岩に向かって右隣に並ぶ岩付近に設置されたことがわかる。わたしはその岩を探した。意外にもそれは黄色いペンキで「劒岳　S56・7　登□□□」とイタズラ書きされた岩だった。

柴崎隊の覘標はその背後に設置された。柴崎隊が言う絶頂とはまさにそこだ。

検証を進めるわたしの視界に人が入ってきた。山頂にはすでに何人もの登山者がいるので何ら不思議なことではない。だが、その人はトンガリ岩の背後を通過し、隣にある黄色いペンキ岩のところでとまった。そして岩の下を覗き込むような仕草をした。

はて、何かあるのか。わたしはトンガリ岩とペンキ岩の背面を確認していなかったことに気づいた。何か見えない力に誘われるかのように岩の裏側へと回り込んだ。

するとどうだろう。黄色いペンキ岩の裏に穴が開いているではないか！　穴の中には破損したかつての劒岳社の木材が大切に保管されていた。

劒岳山頂に小さい岩窟があったのだ。

込み上げる興奮を抑え、冷静に確認作業を進めていく。改めて「越中劍岳先登記」を確かめた。

絶頂の西南大山の方面に当り二三間下の方に（中略）岩窟がある

わたしは方位コンパスでペンキ岩から劒岳山頂遺跡の方角を確認した。二一四度。南西だ。距離はどうか。ペンキ岩から劒岳山頂遺跡までは「越中劍岳先登記」に記された「二三間」（四、五メートル）よりもっと距離がある。その倍ぐらいの距離感だ。

緩やかな山頂部はペンキ岩から南西に広がり、劒岳社付近から下り坂が始まる。わかった。劒岳山頂遺跡の岩窟が「二三間下の方に」あったという表記は山頂部の縁から「二三間下ったところ」と解釈すべきなのだ。

では錫杖頭と鉄剣は劒岳山頂のどこにあったのか。

わたしは立山博物館でそれらを見て以来、保存状態がいいことが気になっていた。錫杖頭の推定製作年代は十世紀後半から十一世紀前半。奉納時期は不明だが、千年ほど劒岳山頂に保存されていたことになる。それらが雨風をしのげる場所に安置されていたことは間違いない。だとすれば黄色いペンキ岩の裏の岩窟が奉納場所として理想的だ。わたしは岩の後ろに回り込みサイズを計ってみた。穴は横長で幅百十センチメートル、高さ四十センチメートル。奥行きは百二十～百五十センチメートルほどある。

錫杖頭と鉄剣が発見された当時の状況について「越中劍岳先登記」には次のように書かれていた。

黄色いペンキ岩の背面

岩窟の大きさ

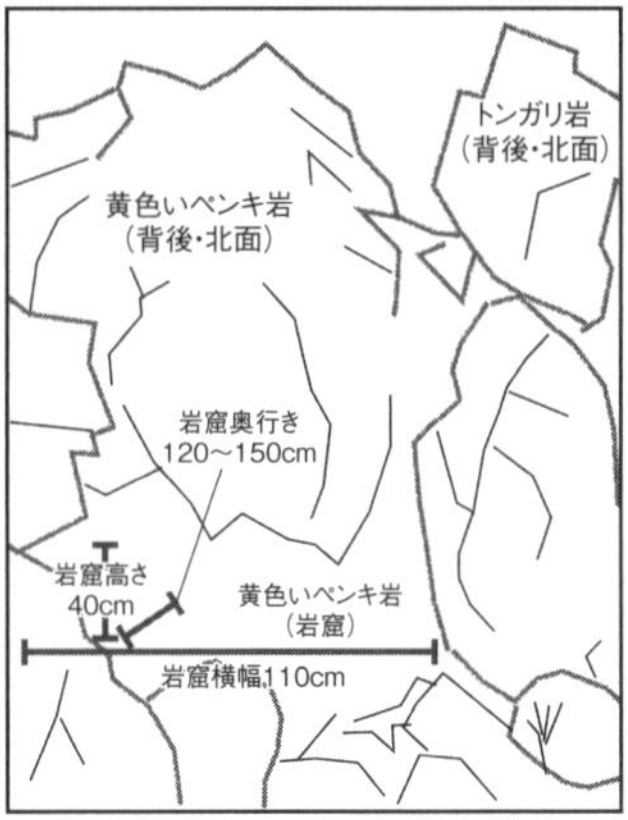

　此の二品は一尺五寸ばかり隔ててありました

発見時、錫杖頭と鉄剣は互いに一尺五寸、つまり四十五センチメートル離れていた。幅百十センチメートルの岩窟内に奉納された二つの遺物の距離感としては矛盾しない。錫杖頭と鉄剣はペンキ岩の後ろの岩窟に安置されていたのだ。確信はますます深まっていく。

わたしはペンキ岩のサイズを計った。幅二百センチメートル、高さ九十二センチメートル。イタズラ書きを度外視するなら、その岩は実に堂々としていて、威容がある。形は三角形をして烏帽子岩のようだ。いや、剱岳とそっくりのミニチュア剱岳とでも言うべきか。

そのペンキ岩こそ剱岳山頂の磐座に違いない。

わたしはトンガリ岩の「トンガリ」という名前に引きずられるままそれを陽石と勘違いしていたが、トンガリ岩の平たい面には亀裂が入っている。どちらかといえば陰石なのだ。

さらにわたしは思いがけない事実にたどり着いた。『立山・黒部山岳遺跡調査報告書』によれば、現在の剱岳山頂における最高地点は標高二九九八・二メートルで、それは黄色いペンキ岩だという。

驚くべきことに現代の測量において柴崎隊が覘標を設置した剱岳の絶頂は示されていた。

つまり黄色いペンキ岩は剱岳山頂の中枢に位置し、それこそが山頂磐座であり剱岳の極点なのだ。

わたしが探し求めていた剱岳山頂のZ地点はまさにそこだ!

わたしはGPSで位置情報を測定した。

北緯三六度三七分二四秒
東経一三七度三七分一・五秒

正体を知ってしまえばペンキの落書きさえ意味のあることに思えてくる。人が二人入れる剱岳

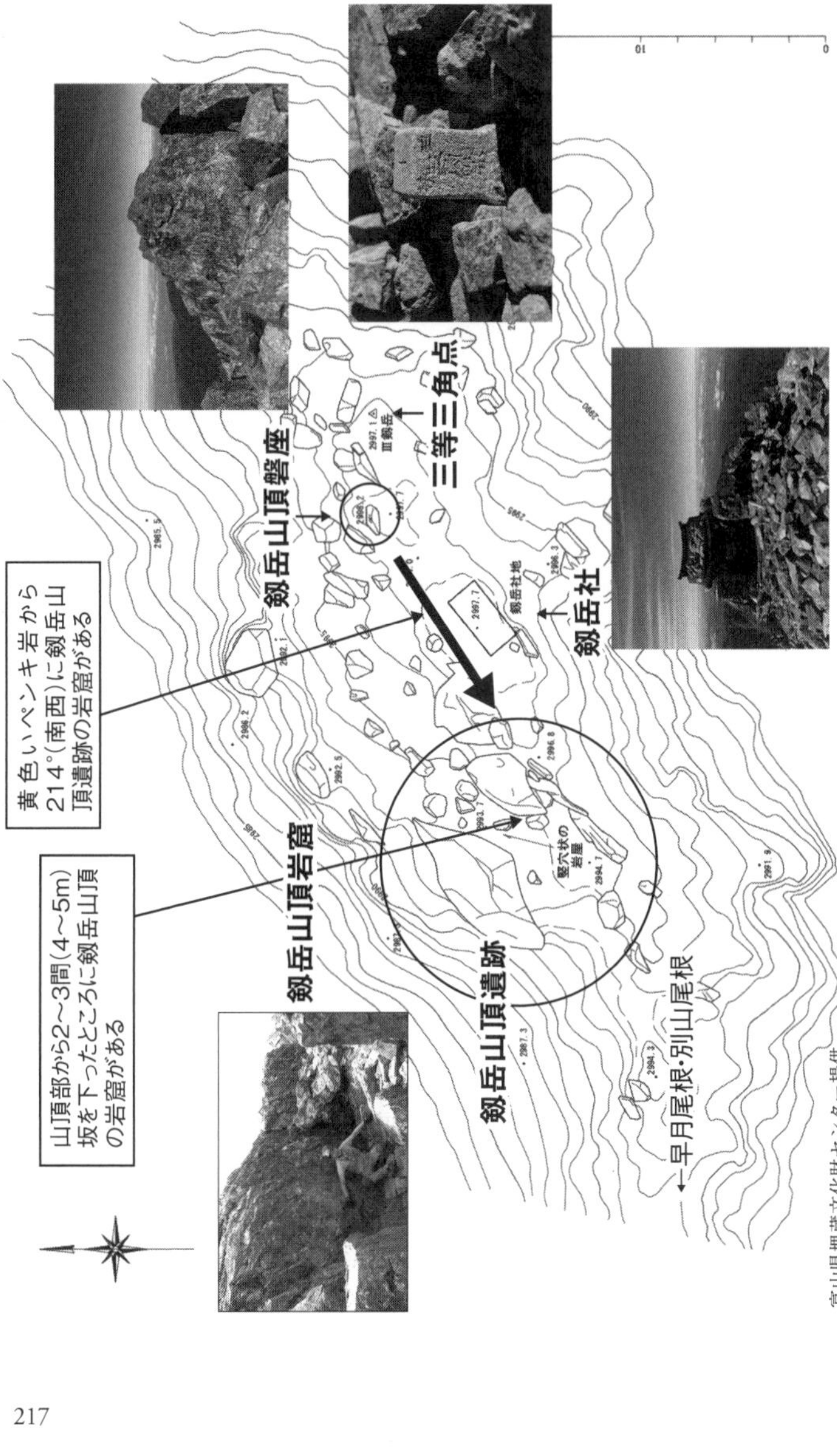

富山県埋蔵文化財センター提供

山頂遺跡の岩窟は調査後に埋められてしまった。だがペンキでイタズラ書きされた方の岩は重要視されることもなく、手つかずのまま残ることができた。

黄色いペンキが派手に塗られたことで山頂でもひときわ目立つ存在であり、山頂にやって来た登山者におどけたピエロのように接する神のようだ。

劔岳における山岳信仰の拠点は劔岳山頂遺跡と呼ばれる竪穴だけではなかった。柴崎隊が錫杖頭と鉄剣を発見し、四等三角点の覘標を立てた地点には山頂磐座が現存している。

人間は過去の人間の営みを引き継ぐがごとく、古い足跡の上に新しい足跡を重ねていく。わたしは岩にそっと手を置いた。劔岳の山神と身も心も通じ合えたようで胸が熱くなった。

山頂で約二時間過ごした後、われわれは馬場島まで下山し、山行ロケチームは解散となった。

第九章　推理

ハゲマンザイの探検行。それに山頂での調査・検証により、わたしの剱岳ファーストクライマーの謎解きは加速し始めた。

上市町起点説

いつ　　　平安時代中期（十〜十一世紀）
誰が　　　伝真興寺の開祖　真興上人
どのように　早月川を遡り、ハゲマンザイからのヤブ漕ぎ
どの　　　早月尾根ルート
どこに　　剱岳山頂磐座（黄色いペンキ岩）の岩窟
　　　　　北緯三六度三七分二四秒
　　　　　東経一三七度三七分一・五秒
なぜ　　　上市黒川遺跡群や大岩山日石寺の祭事に伴う剱岳開山のため

5W1Hのいくつかのリアリティを確かめ、「どのように」「どの」「どこに」がはっきりしたことで、他の項目を検証する足がかりができた。

いまだに漠然としているのは「なぜ」に当たる剱岳登拝の理由だ。立山開山が国家鎮護を目的とするものであったことから、わたしは剱岳に登拝した理由も、麓にある上市黒川遺跡群や大岩山日石寺にからむ公的な祭事と推定した。

もし平安中期の真興上人が剱岳を開山したとするなら、伝真興寺の開基というタイミングだったのかもしれない。

だがそれは史料的に裏づけが得られない。わたしは剱岳と同じく錫杖頭が奉納されていた大日岳も視野に入れた。剱岳と大日岳の山岳遺跡や遺物を比較するうち、錫杖頭という共通の奉納物はともかく、剱岳では鉄剣も発見されている点が気になった。

剱岳で錫杖頭と鉄剣がセットで発見された事実は何を物語るのか。

そもそもそれらは同時に奉納されたのか。あるいは時代を隔ててやってきた者たちが個別に置いたのか。

資料を丁寧に読み直すと、剱岳の山頂で発見された遺物は他にもあったようだ。『立山文化遺跡調査報告書』は柴崎隊が錫杖頭と鉄剣以外に「銅銭若干」も回収したとしている。

また『立山黒部奥山の歴史と伝承』(廣瀬誠　桂書房　一九八四年)によれば柴崎隊のガイドを務め

た宇治長次郎が劔岳の頂上付近で仏像を拾った。劔岳山中で発見された他の仏像が劔澤小屋に安置されていたとも書かれている。

現在どれも所在不明なのは残念だが、劔岳では色々な遺物が発見されてきたようだ。それを裏書きするように「劔岳をめぐる謎や疑問を追う」には江戸時代に劔岳に登ったという伝説的事例が紹介されていた（13ページ参照）。禁足地とされていたはずの劔岳は柴崎隊以前、多くの者に登られていた事実が浮かび上がる。

古来、劔岳には登頂者が複数いて奉納品が回収されていたとするなら、なおさら錫杖頭と鉄剣がセットで発見された点に意味を感じる。

柴崎隊が測量の覘標を設置した黄色いペンキ岩は劔岳の山頂磐座であり、彼らが錫杖頭と鉄剣を発見した絶頂つまりZ地点に当たる。

立山博物館に展示されている錫杖頭と鉄剣はともに錆びてはいるが腐敗していない。風雨に晒されることがなかったため千年以上も山頂に残り続けた。黄色いペンキ岩の背後に岩窟を見つけたわたしは、そこが雨風をしのげるばかりか人目に触れない場所であったことを知った。錫杖頭と鉄剣は柴崎隊以前の登頂者に気づかれることなく、その穴の中に在り続けたのだ。その閉鎖性や秘匿《ひとく》された様子から、錫杖頭と鉄剣は同時に奉納されたとみていいだろう。

この事実をもとにすると、大日岳との違いが明確になる。もちろん大日岳でも錫杖頭と鉄剣がセットで奉納されていたのかもしれないが、もはや確かめようもない。

他の山岳遺跡で錫杖頭と鉄剣が奉納された事例について調べてみた。『日光男体山――山頂遺跡発掘調査報告書――』（喜田川清香編　名著出版　一九九一年）に次のような記述がある。

平安時代後期の終りから鎌倉時代にわたる時期及びその以降の時代になると、鏡の類は少なくなり、一方錫杖とか独鈷杵とかの法具や、鐘鈴・鉄鐸・小形の鰐口《わにぐち》、火打鎌《ひうちがま》及び種子札、禅頂《ぜんちょう》札の類または鉄剣・大刀《たち》・短刀等の武器や兜鉢《かぶとばち》などの武具や鐙などの馬具の類も多くなってきている

『修験道の考古学的研究』（時枝務　雄山閣　二〇〇五年）を参考にすると、短刀などの武器類の奉納は経塚出土品として十二世紀を境に増大し、武力を持った武士の台頭が反映されている。

剱岳の鉄剣は長さ二十四・六センチメートルなので、武器というよりは奉納品だろう。十二世紀の武士が宝剣を携えた不動明王を軍神と崇め、剱岳に捧げた物だったのではないか。

インパクトが強い錫杖頭より影は薄いが、鉄剣こそ剱岳の剣に重なり、奉納品としてはむしろ主なのだ。年代感を示す役割を担っている点からも剱岳の至宝といってもいい。

上市黒川遺跡群の円念寺山経塚では錫杖頭と同じ金属製仏具である金銅製独鈷杵が発見されていたが、他に短剣が二十一本も出土している。仏具と鉄剣がともに発見されるのは、剱岳山頂の出土例と合致する。立山近辺では他に類例がない。これほど強いメッセージがあるだろうか。円

念寺山経塚が出現するのは十二世紀から十三世紀にかけての平安時代後期から鎌倉時代である。
　立山信仰とは別に劔岳信仰があったことを論じる米原寛氏は「『劔岳信仰』をめぐる若干の考察」（『富山県［立山博物館］研究紀要　第十五号』所収　富山県［立山博物館］二〇〇八年）の中で次のような指摘をする。

　山岳信仰の霊山からの埋納品（出土品）の大半が平安時代後期・十二世紀以降である

　さらにわたしは登山道に残されていた地名にも手がかりを求めた。早月尾根登山口の馬場島だ。「白山の山頂遺跡と山岳修験」垣内光次郎（『白山市　白山山頂遺跡』所収　石川県教育委員会　二〇〇六年）に馬場の確立時期に関する次の一節を見つけた。

　十二世紀代には壺、甕、経筒外容器もみられ（中略）各馬場から禅定道《ぜんじょうどう》と呼ばれる尾根道を登り、御前峰《ごぜんがみね》への登拝が本格化したと考えられる。

　白山の馬場は経塚の造営を伴う修行が盛んになったことで確立した。早月尾根付近に馬場島という地名がつけられたのも十二世紀以後と考えられよう。
　調べるほどに劔岳の錫杖頭と鉄剣の奉納時期は「十二世紀平安時代後期」が濃厚となる。

するとこれまでわたしが推測してきた平安中期十〜十一世紀説は修正を強いられる。剱岳のファーストクライマーは真興上人(九三四?〜一〇〇四)ではなかったことになる。

では「誰」だったのか——。

ファーストクライマーの選択基準が十二世紀に下ったことで、わたしは一人の人物を思い出した。大岩山日石寺の京ヶ峰経塚から出土した経筒に願主《がんしゅ》として名前が刻まれる相存だ。彼の名前とともに仁安二(一一六七)という年が見えた。時代は合致する。

だが経塚の願主である彼が錫杖頭と鉄剣の奉納に直接絡む可能性は未知数だ。ただし日石寺の磨崖仏や京ヶ峰経塚が何らかの手がかりを握っていることは間違いない。

わたしは「立山信仰と大岩日石寺磨崖仏」松浦正昭(『富山大学地域連携プロジェクト 富山大学人文学部日本海総合研究プロジェクト 平成一八年度公開講演会「北から登る立山信仰——上市黒川遺跡群と大岩日石寺磨崖仏——」』所収 二〇〇六年)に興味深い指摘を見つけた。大岩山日石寺の不動明王の脇に彫られている阿弥陀如来と京ヶ峰経塚の関係だ。

[大岩山日石寺の] 阿弥陀如来坐像の特徴が、久寿《きゅうじゅ》二年(一一五五)と保元《ほうげん》二年(一一五七)の刻銘がある奈良・春日山磨崖仏の表現とよく共通しているので、大岩磨崖仏の阿弥陀如来坐像の造立時期は十二世紀半ばと判断される。(中略)この年代は大岩磨崖仏背後の京が峯から出土

した経筒の銘文年代とも一致している。

大岩山日石寺の阿弥陀如来と奈良にある春日山《かすがやま》石窟仏《せっくつぶつ》が似ているという。古都奈良に謎解きの手がかりがありそうだ。

史跡春日山石窟仏に掲げられた説明によれば、春日山石窟仏の製作者は不明ながら、興福寺大乗院《だいじょういん》の一僧（山伏）が岩窟に起居《ききょ》して彫刻をしたという。

春日山石窟仏の製作に携わった興福寺の山伏が大岩山日石寺に来て阿弥陀如来像を彫ったのだろうか。

ここで興福寺コネクションが浮上してきた。

上市町の歴史を記した資料に当たり直すとわたしは驚倒すべき事実に遭遇した。『越中富山　山野川湊の中世史』（久保尚文　桂書房　二〇〇八年）によれば、十二世紀、興福寺の僧侶が越中国《えっちゅうのくに》新川《にいかわ》

大岩山日石寺の阿弥陀如来坐像

春日山の石窟仏

郡《ぐん》の荘園を手に入れていた。上市黒川遺跡群を流れる川の下流域だ。

後に堀江荘《ほりえのしょう》として知られる、現在の滑川市を中心に東西約六・五キロメートル、南北約七キロメートルにわたる広大な私領を手に入れたのは松室法橋（興福寺僧の寛誉《かんよ》）と言い、一一四二(康治元)年のことだった。

松室法橋は平安京の法勝寺御八講《ほっしょうじみはっこう》で講師を務めたほど当代随一の高僧であった。藤原氏の血を引く家系に生まれ、兄には白川院政期に実務官僚の長に上りつめた勧修寺顕隆《かじゅうじあきたか》がいる。また松室法橋に荘園を寄進した宮道季式も勧修寺家の家司《けいし》を務めた家系であった。

宮道家は醍醐天皇の母方の血縁で、醍醐寺創建に関わり修験道当山派の祖とされる聖宝(八三二～九〇九)とも関係が深かった。当山派は興福寺の影響下にあり、真言密教の色合いが濃い。

黒川や大岩の宗教的繁栄は興福寺僧であった松室法橋と、その家系に当たる勧修寺流藤原氏によるものと推測できる。

それは上市黒川遺跡群の出土品からも確かめられる。円念寺山経塚跡から出土した経典を収める容器の底に次のような刻銘《こくめい》が記されていた。

「ふち二ね　ふちわらの　国公　有近　八月十四日」

『富山県上市町黒川上山古墳群発掘調査第七次調査概報　円念寺山遺跡』(上市町教育委員会　二〇〇二年)は最初の言葉を「文治二(一一八六)年」と解読する。続く「ふちわら」を藤原とみなせば、十二世紀の黒川と藤原氏の関係が色濃く反映されていることがわかる。

しかしなぜ興福寺僧が越中国新川郡に土地を所有したのか。
わたしの疑問に対し示唆に富む論考が『新上市町誌』に記されている。十世紀に黒川を開いた伝真興寺の開祖、真興上人が興福寺の松室仲算に師事していた。そこに見えない接点があるという。

松室仲算の松室とは興福寺の院家の一つであろう。そうだとすれば、勧修寺流藤原氏の松室法橋寛誉と松室仲算と真興との繋がりも考えられ、堀江荘成立以前の黒川郷と真興らのかかわりもあったのかもしれない。

円念寺山経塚から出土した経筒と刻銘
上市町教育委員会提供

ここに歴史の断片を結ぶ一本の線が姿を現した。上市黒川遺跡群の真興上人と荘園を手に入れた松室法橋の関係だ。

十世紀、興福寺松室院の薫陶を受け、真言密教にも傾倒した真興上人は黒川に山岳霊場を築いた。十二世紀となり興福寺僧侶で松室に属していた松室法橋は、黒川や大岩のお膝下に新たな荘園を得た。見えてきたのは黒川と興福寺松室院の太い繋がりだ。松室法橋は積極的に霊場を整備したであろう。藤原氏の血を引く一人として国家鎮護の法要を行い、その霊験や天恵を京都、奈良の都に振りまこうとした。

剱岳山頂に奉納された錫杖頭と鉄剣はその年代にピタリと当てはまる。剱岳開山を行ったのは、松室法橋である。

とはいえ彼は都の公家僧侶であった。自ら剱岳に登ったとは考えにくい。高僧の弟子を派遣し、実際に山行をサポートした山伏集団もいたはずだ。

一体、どんな集団なのか。

わたしはこれまでの歩みを振り返った。気になるのは「ハゲマンザイ」という奇妙な地名だ。ハゲはおそらく崩落した谷筋のことだろう。現地は今でも岩が剝き出しになっている。問題はマンザイだ。これまで「万歳」へと派生する神楽を行っていた山伏の足跡と捉えてきた。

「マンザイ」を横断的に検索するうち、わたしは『日本名字家系大事典』（森岡浩 東京堂出版 二〇〇二年）にたどり着いた。その中に「万歳」という氏族が出ている。

万歳　まんざい　大和国葛下郡万歳郷《まんざいごう》（奈良県大和高田市他）発祥。大和平田党の一。平田《ひらたの》荘《しょう》の荘官をつとめ、万歳城に拠った。

奈良！　しかも万歳氏という一族は万歳郷という集落から発祥し、万歳城という城まであったという。

漫才みたいな本当の話なのだ。

わたしは居ても立ってもいられなくなり二〇一八年十一月、一路奈良へ。近鉄奈良駅で下車し、レンタカーを借り、かつて万歳郷があった大和高田市に向かった。

大和高田市は奈良市中心部から南東二十キロメートルに位置する。『日本城郭大系　第十巻　三重・奈良・和歌山』（平井聖他編　新人物往来社　一九八〇年）によれば、万歳氏の居城は万歳平城と万歳山城の二ヶ所が知られる。万歳平城は平安後期に築かれた万歳氏の居館が基礎になっている。現在すでに遺跡や遺構はなく、水田と宅地が広がるばかりだが、敷地だったところには春日神社が鎮座していた。

わたしは『改訂　大和高田市史　前編』（大和高田市史編纂委員会　大和高田市役所　一九八四年）を参考に追跡を続けた。

万歳氏に関する初見文書は一一一二（天永三）年の「某（万歳氏）処分状」（東大寺文書）に遡る。万歳氏は十二世紀の初めに地元の有力者として記録に登場するのだ。その文書は万歳氏が子女へ所領を譲渡することを記したものだが、保証人には藤原成国、藤原常国など藤原氏が名を連ねる。

時代は鎌倉時代に下り、『春日神社文書』の一三三三（元弘三）年の条に「流鏑馬十騎内万歳九郎一騎」とある。万歳氏は春日若宮《わかみや》の祭礼において流鏑馬《やぶさめ》役を務めていた。

また『大乗院寺社雑事記《だいじょういんじしゃぞうじき》』の一四五七（康正三）年の条には、万歳氏が興福寺一乗院坊人の国民《こくみん》だったと記されている。国民とは荘園内で武士化した土豪のことを言い、興福寺の大乗院と一乗院に所属した。

『僧兵の歴史』（日置英剛 戎光祥出版 二〇〇三年）には興福寺の国民が次のように記されている。

国民は春日神社の神人、白人（特別な職を持たない宮仕人のこと、しろうと）と、衆徒の下にある俗兵士である（『興福寺軌式』）。その支配権は興福寺にあったから、共に両門跡の支配を受けた。これらの衆徒は所有する土地を寺院に寄託して、条件的土地所有者となり、平時は所有地の貢納の徴収、警察、寺院の警固などにあたったが、有事の際には寺院の要請に応じて馳せ参じ、兵団を組織する義務があった。

興福寺と春日神社が神仏習合思想を背景に一体化を強めていた時代、万歳氏はその傘下において武士的な役割を担っていた。

大和高田市で万歳平城があった地区を歩いていると周辺に「大字市場《いちば》」という地名が残っていることに気づいた。万歳氏は興福寺の国民でありながら、市場を開拓して生業としていた。

ふと、劔岳麓の集落が上市町と呼ばれる偶然を思った。

上市町の起源伝説に市姫《いちひめ》という気品の高い女性がどこからともなく現れ、上市という市場を守る神様になった話がある。もしかしたらその市姫は奈良から来た万歳氏の姫なのではないか……。

わたしは大和高田市での調査を終え奈良市中心部に戻ってきた。鹿に餌を与える観光客を横目に興福寺や春日神社を訪ねる。

興福寺では仏像を片端から見て歩いた。手にしている錫杖の中に、劒岳の錫杖頭と似たようなものがないか――。奉納用だった劒岳の錫杖頭は実用品より仏像が手にする錫杖の中に似たものがあるかもしれない。だが目ぼしい物は見つからなかった。

春日神社の受付で参拝申し込みをして本殿前の境内に入った。すると拝殿前の摂社《せっしゃ》に思わぬ神が祀られていた。

手力雄神《たぢからおのかみ》！

それはまさに劒岳と同体とみなされた越中国在来の神、刀尾権現のことだ。本地垂迹《ほんじすいじゃく》では不動明王に当たる。

春日若宮の祭礼において流鏑馬を行っていた万歳氏は、帯刀する僧兵として春日大社に祀られる手力雄神を崇敬していたはずだ。

そんな彼らが劒岳に向かったのも偶然ではない。彼らは劒岳を開山し、現世に出現した憧れの手力雄神に会いに出かけた。そして山頂に鉄剣を奉納したのだ。それはまさに武士の世の幕開けを宣言するかのような祭事だった。

立山川のハゲマンザイとは万歳氏の足跡を留める地名だったに違いない。

剱岳には「長次郎谷」「源次郎尾根」など初期登頂者をリスペクトした地名が各地に刻まれている。ハゲマンザイにも先人への思いが込められていたのだ。

断片的な情報が有機的に結びつき、ついに剱岳の知られざる物語の扉がゆっくりと開いていく。

一一四二(康治元)年、興福寺僧である松室法橋が越中国の堀江荘を所領した。

松室法橋は新領地の安泰、国家鎮護を祈願すべく法会を行うことにした。霊山として名高い立山の地であればこそ、神仏が坐す山に登拝して行われる。黒川、大岩を拠点とした彼らにとって山の神とは剱岳そのものだった。

剱岳は未だ開山されていなかった。その山頂に神仏を招き入れることこそ、松室法橋の大きな使命だった。開山法会のために弟子が派遣され、つき従ったのは万歳氏だ。

後に興福寺の国民となる彼らは寺社の造営や運営のことなら何でもやった。剱岳山頂までの登拝路を開拓したのも万歳氏だった。剱岳登拝の起点に選ばれた馬場島の名は後に春日若宮で流鏑馬を行うほど乗馬に長けた一族にこそふさわしい。

彼らは剱岳を目指して立山川を遡った。そして毛勝谷出合いに最も取りつきやすい谷筋を見つけ、早月尾根への踏み分け道を開通させることにした。

ハゲマンザイから登り始めた彼らは途中、剱岳や奥大日岳、浄土山などを遥拝し、尾根に出た後は早月の餓鬼の田、早月の七福園などで護摩を焚き、神仏に祈りを捧げた。

さらに先の獅子頭やカニのはさみなどの難所も彼らにとっては山神に近づくための行場だ。難所を乗り越え、いよいよ山頂へ。そこで彼らを待っていたのは磐座だった。黄色いペンキ岩とトンガリ岩は剱岳山頂の聖域核心部にある陰陽石だ。

僧侶は結界設定を行って域内を浄化し、法会を執り行った。仏事の最後、僧侶は松室法橋より託された錫杖頭を、万歳氏は武運長久《ぶうんちょうきゅう》を祈念して鉄剣を奉納した。それらは山頂で最も神聖な存在である山頂磐座に開いた小さな岩窟に納められた。

法会は成功し、大岩山日石寺に派遣された興福寺の山伏によって磨崖の不動明王の脇に阿弥陀如来等が追刻された。

荘園には豊穣と平和がもたらされ、地域の人々は登拝路を開拓した万歳氏の功績を称え、毛勝谷出合いにある入山口をマンザイと呼ぶようになった。それは代々現地の山人に伝えられていたが、谷筋が崩落するとハゲマンザイと呼ばれるようになった――。

わたしの脳内にはまるで夢物語とも現実とも分かち難い、鮮烈でリアルな世界が映し出された。

わたしの前に謎の5W1Hが立ち現れた。

剱岳ファーストクライマーの謎（上市町起点説）

いつ　平安後期の一一四二（康治元）年頃

誰が　松室法橋（興福寺僧侶寛誉）と万歳氏

どのように　派遣された興福寺僧侶と万歳氏が立山川の遡行をし、現在ハゲマンザイと呼ばれる谷筋から尾根筋、そして岩場を空身で登り剱岳山頂に立った

どの　早月尾根ルート　立山川ハゲマンザイルート

どこに　錫杖頭、鉄剣を山頂磐座（黄色いペンキ岩）の岩窟に奉納した

北緯三六度三七分二四秒

東経一三七度三七分一・五秒

なぜ　国家鎮護と堀江荘発展のため

二年に及ぶ追跡を経て見えてきたことがある。

平安期の日本人は神に会うために、命がけで剱岳に登ったという事実だ。しかも彼らの登拝は国家や荘園の鎮護、豊穣や社会の安定といった大義であった。

現代の登山者の目的意識からは想像もつかない。

第十章　時を超えた邂逅

剱岳のファーストクライマー。わたしはついにその謎めいた5W1Hを解き明かした。

剱岳の山頂に錫杖頭と鉄剣を奉納した者は山伏ではあったが、個人的な修行者ではなかった。十二世紀の平安後期に剱岳開山をした松室法橋（興福寺僧侶寛誉）と万歳氏の目的には、堀江荘の安泰や繁栄といった地域への祈りばかりか国家鎮護という大前提があった。

一一四二（康治元）年頃に行われた剱岳開山はまさに国家事業とみなすべき一大プロジェクトだったのだ。

ではなぜ剱岳に登拝することで、日本全土が鎮護できると考えたのか。

一一八一（養和元）年、後白河法皇（一一二七～一一九二）が京都に勧請した新熊野神社の荘園に「立山外宮」と「彦山」（福岡県）が含まれた。

他の荘園が田園地帯であるにもかかわらず、立山と彦山だけが山だ。その意味は京都からの方角にある。立山は京都の北東（鬼門）に位置し、彦山は南西（裏鬼門）に当たる。京都にある二つの鬼門を守護する役割が期待された。つまり立山連峰の剱岳を開山することは、そのまま京都と日本国を守護する法会でもあったのだ。

山伏という仏教徒が登拝する以前から、日本人にとって剱岳は神聖な存在だった。大伴家持は『万葉集』（巻十七　四〇〇二）で真夏でも解けない雪におおわれた立山連峰を神と崇めていた。登拝される以前にも剱岳は山そのものが神とみなされていたことがわかる。

なぜ山を神とみなしたのか。『霊山と日本人』（宮家準　講談社　二〇一六年）には次のような解釈がある。

かつては氏神の裏などの山から流れてくる川岸に産屋《うぶや》がつくられた。昔話の川上から流れてきた桃から生まれた桃太郎、お椀の舟に乗ってきた一寸法師、山の竹の中にいたかぐや姫の話などはいずれも山が生児の魂の古里であったことを示している。

昔話の中に繰り返し語られる山には、日本人が古来最も大切にしてきた死生観が反映されている。日本人が山を神とみなす思想はそこから生じているのかもしれない。

日本の山岳信仰は須弥山《しゅみせん》を宇宙の中心に据えたインド思想、「死者の魂は泰山《たいざん》に行く」と信じた中国の道教などから強い影響を受けている。だが日本人にとって魂が還る山はインドや中国のように特定の霊山である必要はない。むしろ集落の裏山という日常的な場所だ。『日本伝説大系第五巻南関東編』（宮田登編　みずうみ書房　一九八六年）は親捨ての伝説の舞台として千葉県長生郡《ちょうせいぐん》の高藤山《たかとうざん》を挙げる。

年老いた親を捨てる山はあの世に直結する世界であり、集落の里山的な場所である。人間が立ち入り難いところに異界を設定するヨーロッパやヒマラヤなど世界の山とはだいぶ違う。

高藤山だけが親捨て山ではない。親捨て山は日本各地にある。日本人は総体としての「お山」に自分の魂が還ると信じた。身近にある山をあの世とする思想は日本独特のものだ。

剱岳も全国津々浦々にある里山と本質的に変わりがない。剱岳は霊山とされる以前に、水や食料、日々の生活の恵みをそこから授かっている地元の人にとっての里山なのだ。

これまでわたしは剱岳の古道を巡り、磐座と呼ばれる陰陽石、滝、岩室など特別の聖地があることを見てきた。それは山の神々の交合により、新しい生命が生み出されると信じる日本古来の自然崇拝の現場であった。

仏教思想を持ち込んだ平安時代の山伏は、日本古来の信仰を破壊することはせず、むしろそれを下地にして山の宗教を発展させた。

魂が死後にたどり着き、新たな生命として再生する場である山を「あの世」とみなし、極楽浄土や地獄に当てはめた。

日本人にとって山は魂の本籍地のような場所なのだ。

現代でもわれわれは山の恵みを享受している。何よりも大地で濾過《ろか》され磨かれた清水、森が吐き出す清浄な空気、果実、山菜、きのこ、食肉、材木、温泉、鉱石……身近な生活の中に必ず山の産物がある。

山を「サン」と読むのはそこに多様な産があるためだ。われわれは山によって生かされていると言ってもいい。

古来、日本人は山の恵みに感謝し、自らの生命の源として崇め、神として礼拝してきた。剱岳が神とみなされたのには同様の背景があるだろう。

だがここで根本的な問題が生じる。剱岳は地獄ともみなされ、畏れられてきた。上市町から見つめる剱岳は生命感に溢れているのに、立山町の剱岳は歴史的にみて地獄の針の山である。剱岳に対する対極的なイメージはどのように形成されたのか。立山開山や立山信仰の中で、剱岳のファーストクライマーをどのように位置づけるべきなのだろうか。

立山開山は平安時代初期の九世紀末に、越中守佐伯有若（慈興上人）と天台座主康済によって行われたとみられる。彼らは立山室堂の玉殿岩屋や虚空蔵窟を拠点とし、雄山から別山までの尾根を登拝した。最高点である大汝山において立山開山の法会を執り行った。

『山岳霊場の考古学的研究』によれば、日本で霊山が開山されていくのは七世紀末以後とされるが、標高の高い山は時代が下る。日光男体山（標高二四八六メートル）では八世紀後半、白山（標高二七〇二メートル）で九世紀後半から十世紀前半である。立山室堂（標高二四五〇メートル）や立山三山（最高点は大汝山の標高三〇一五メートル）の開山も時期的に同じだ。

だが登山が困難な山の開山はもっと遅い。『本朝世紀』によれば富士山は末代上人《まつだい》（一一〇三

〜？）により平安後期の一一四九（久安五）年に開山された。剱岳とほぼ同時期だ。また剱岳と同じ北アルプスで登山家の人気を二分する槍ヶ岳の開山は江戸時代を待たなければならない。

剱岳は難易度の高さから立山開山期には登拝されなかった。当時、剱岳は遥拝されるだけの霊山だったのだろう。奈良時代に剱岳を含む「たちやま」は神の山であった。平安期になり立山は地獄とみなされたが、剱岳はそれらとは区別された「あの世」であった。

剱岳を地獄とみなすのは主に立山曼荼羅が描かれた江戸時代からだ。

江戸時代の剱岳に何が起こったのか。

「霊場の形成と御師の活動――越中立山に見る加賀藩と立山衆徒」福江充（『シリーズ日本人と宗教――近世から近代へ　第四巻　勧進・参詣・祝祭』所収　春秋社　二〇一五年）は次のように説明する。

加賀藩は立山衆徒に対し、軍事に結びつくような修験道の野性的な部分の抑え込みを図ったと考えられ、その代わりに、自藩の国家安泰や、藩主とその家族の無事息災を祈禱する山麓の祈願寺院としての役割を担わせた。そのため、立山衆徒の宗教活動の舞台は立山山中から山麓の自村に移り、山中を道場とする峰入《みねい》りや柴灯護摩《さいとうごま》などの修行は次第に廃れ、むしろ山麓の芦峅寺や岩峅寺の境内地での年中行事が極端に増加していった。

加賀藩が山中での活動に規制をかけ、立山信仰の地を芦峅寺、岩峅寺に一本化したことで、その他の地域の寺社は衰退の道をたどることになった。大岩山日石寺は加賀藩の永世祈願所とされ里寺として存続できたが、上市黒川遺跡群は山林に埋もれ人々の記憶からも遠のいてしまった。

それは剱岳にも大きな影響を与えた。当時、剱岳に登る別山尾根からのルートが確立されておらず、登拝者は早月尾根に行かなければならなかった。だが早月尾根での宗教活動が禁じられると、十二世紀に松室法橋が剱岳に切り開いた早月尾根の踏み分け道は閉鎖されることになった。

室堂起点の巡礼では「登れない」山だったものを、「登らない」「登ってはならない」と変える必要が出てきた。もともとあの世とみなされていた剱岳は、立山信仰の教義上、地獄の禁足地とされたのだ。

剱岳だけが地獄の禁足地とされたのはそんな背景があったためではないか――。わたしにはそう思えてならない。いずれにしても剱岳地獄化の秘密は江戸時代の加賀藩にありそうだ。

わたしの推論が成り立つなら、剱岳ファーストクライマーの謎が解かれぬままだった理由もはっきりしてくる。立山信仰に関して読み切れないほどの論考や資料があるが、そのほとんどは芦峅寺、岩峅寺、そして室堂を中心としたものであり、上市黒川遺跡群や大岩山日石寺には重きが置かれていない。二〇一一～二〇一四年まで四年を費やして行われた富山県の調査においても変わらず『立山・黒部山岳遺跡調査報告書』を見ても関心が注がれているとは言えない。

錫杖頭等を剱岳山頂に奉納したファーストクライマーの謎が解けない理由はここにあるのだ。上市町に点在する山岳霊場の存在を意識している郷土史家は少なからずいるものの、芦峅寺、岩峅寺、室堂を中心とする江戸時代の立山信仰が暗黙のスタンダードになってしまった。だが劔岳錫杖頭と鉄剣は加賀藩の立山支配よりずっと以前のものだ。

上市黒川遺跡群と大岩山日石寺の歴史的背景を知れば知るほど、それらは江戸期に隆盛を極めた立山信仰の先駆的な存在であることは明らかだ。黒川や大岩集落がある上市町は劔岳の麓に位置している。この地で遥拝する中心的な山は劔岳をおいて他にはない。いや、それだけ近いとなれば、登拝の拠点にもなり得たはずだ。しかも上市町では劔岳を地獄とみなす土着の思想や文化、民俗は見受けられない。

そこにあるのは山を生命の源と認める平安期以前からある山への崇拝だ。

これまでの検証で劔岳と日本人との本来的な関係が明らかになった。それはとりも直さず日本古来の人と山との関係でもある。山は神であり、日本人にとって魂の来し方、行く末とみなされる精神的な神域である。平安時代の人たちは登拝することで日本という国家の安泰が保障されると考えた。数ある山の中でも立山は京都の鬼門にあたり、劔岳を開山することは国家事業として重大な課題だったのだ。

劔岳開山。その核心が明らかになるにつれ、わたしの目に一つの符合が映り始めた。

明治時代に劔岳登頂を果たした日本陸軍参謀本部の柴崎芳太郎との相似点だ。「越中劍岳先登記」には劔岳に向かう柴崎の決意が次のように綴られている。

国家の為、死を賭《と》しても目的を達せねばならぬ訳であります

明治維新後、近代化を推し進める上で国土の正確な把握が必須とされた。明治期の測量は地形図を完成させるための国家事業であったが、劔岳は登頂に困難を極めるあまり空白部として残されていた。柴崎の決死の覚悟を読むと、わたしはこれがそっくりそのまま平安時代に劔岳へ登った松室法橋の弟子や万歳氏が胸に刻んだ言葉と思えてならなかった。

それは単なる偶然の一致なのだろうか。

日本史の中で平安時代と明治時代は全く異なる時代のように見えるが、ともに国家事業として劔岳登頂を果たした点にはよほどの共通性があると見なければならない。平安時代の開山と明治時代の測量にはどんな関係があるのか。

平安時代に劔岳を含め日本各地の山で開山を進めた山伏たちは仏教徒であった。そこにヒントがある。

仏教ばかりか律令制など、大陸の政治制度や文化を摂取し日本を文明国としようとする国策は奈良時代に始まった。その象徴的事業である遣隋使、遣唐使は六〇〇（推古八）年から八九四（寛平六）年までの約三百年間に二十三回（諸説あり）を数えた。

仏教文化は朝廷が置かれた都を本拠地として栄え、奈良に東大寺、京都に平等院鳳凰堂などの寺院が建立された。一方、仏教を日本全土に遍く普及させるため、奈良時代の七四一（天平一三）

年に聖武天皇が日本各地に国分寺、国分尼寺の建立を命じている。

仏僧らが布教の旅に出た。その流れが人里遠く離れた山の山頂にまで及ぶのは、平安時代に空海や最澄が山岳信仰を取り込んで生み出した真言、天台の影響が大きい。だが直接的な推進役となったのは、劔岳の謎解きで明らかになったように、貴族が互いに競い合うように全国に拡大していった荘園である。

日本各地の霊山を開いた山伏たちは、大陸からもたらされた仏教思想をもとに、縄文時代から続く自然崇拝に支配されていた古い日本を開かれた文明国へと変えようとした。現代でも森林が七割を占める国土の旅には困難が伴ったが、都から最も遠い地である山を開くことこそ、彼らが推し進めた国家事業のゴールだったに違いない。

山伏の活動は仏教の布教だけではなかった。彼らは各地の山で鉱石を見つけては鉱業を興し、薬草の知識を活かして医術を伝えた。また集落を回っては獅子舞などの里神楽を広めた。それらは仏教同様、大陸起源の技術や文化である。山伏はそれらを未開地にもたらし、豊かな土地や社会を築こうとした開拓者だった。

荒れ狂う波濤《はとう》をものともせず、果敢に航海へと出た遣隋使や遣唐使は海の探検家であった。彼らは言葉や文化が異なる外国へ出かけ、冒険の果実として大陸文化を日本にもたらした。

その高度な文化を日本全土に普及させ、先進の文明国を築くという国策を担ったのが全国行脚した山伏を始めとする仏教徒たちだった。彼らの足跡は荒れ野や暴れ川を越え、遠く未踏峰の頂にまで及んだ。彼らこそ陸の探検家であった。

わたしはついに日本初期の探検家の姿を捉えた。彼らは外洋へ出たばかりか、国土をくまなく踏査した。つまり奈良・平安時代の遣隋使・遣唐使と山伏という探検家により、外国からの優れた文化が遍く日本全土にもたらされた。彼らは朝廷が求めた理想の国家を完成させた陰の立役者だったのである。

剱岳を開山した仏教徒をつき動かしていたものは国家を文明化しようとする日本の国策だったのだ。

この歴史的背景は明治時代にも当てはまる。

明治維新により政府は欧米文化を取り入れ、日本を近代化することを国策とした。その動きは一八七一(明治四)年以後、アメリカやヨーロッパに派遣された岩倉使節団に象徴される。欧米に旅立ったのは伊藤博文のような政治家ばかりか、思想家でジャーナリストの中江兆民《なかえちょうみん》、アメリカで鉱山学を学び三井三池炭鉱を経営した團琢磨《だんたくま》、帰国後に赤十字篤志看護婦会の活動に尽力した大山捨松《おおやますてまつ》などがいた。彼らは平安期までの遣隋使や遣唐使のごとく、異国の先進文明を学び日本を先進国へと導く先導役となった。

平安時代と明治時代。二つの時代は共に、日本を新たな国家に作り変える変革の時代だった。大陸からの仏教文化、欧米からの近代文化を輸入し、それを日本全土に普及させようとした。

「開山」久保田展弘(『別冊太陽 No.103 Autumn 1998』所収 平凡社 一九九八年)は平安期の開山を次

のように定義する。

開山は、古代日本における、精神世界の「開国」でもあった。

開山は開国である。剱岳は開国のために登られた。だとすればそれは明治維新後、剱岳に登った柴崎芳太郎の使命と変わらない。

松室法橋の弟子と万歳氏が登頂した一一四二（康治元）年頃から七百六十五年ほど経った一九〇七（明治四〇）年。開国の波が再び剱岳山頂に届いたのだ。

人間が容易に登ることができない剱岳の山頂に錫杖頭等を置き、あるいは三角点を建てることはそれぞれの時代の開国を完結させる一大事業だったのである。

こうしてみると剱岳が平安時代と明治時代に登頂されたのは偶然ではない。日本史という大きな潮流の中に位置づけるなら、どちらも日本人が国家を新しく作り変える時代の画期に当たっている。

またそのことは、われわれの国家の基盤が山にあることを如実に示している。

未踏の剱岳に挑んだのは探検家だった。

平安期に仏教の普及という国家的使命を帯び、剱岳を極めた松室法橋らは、大英帝国の拡大という使命を持ちアフリカに出かけた探検家リヴィングストンと同じである。

明治期に国家的な使命を帯び地図の空白部に挑んだ柴崎芳太郎も探検家であった。彼の業績は英国海軍の使命を負い、太平洋の地図の空白部を探検したクック船長と変わることがない。

松室法橋と柴崎芳太郎は、ともに難攻不落の剱岳に登った。時代も立場も異なる二人を繋いだものは国家的使命を帯び、未知の世界に挑んだ探検家という絆であった。

ようやくここで見えてきた。柴崎芳太郎率いる明治期の測量隊が錫杖頭と鉄剣を見つけたのは偶然ではなく、むしろ必然であった。

二人が目指し、たどり着いた剱岳山頂のZ地点は同じ場所だった。

それは山から新しい国を開くという同じ使命を帯びた二人の探検家が、時を超えて剱岳で出会った瞬間だったのだ。

エピローグ　線から面へ

見えてきたのは、劔岳に埋もれた線の物語だった。

ファーストクライマーを追って劔岳に五度登ったわたしは、埋もれた古道のリアリティをつかんだ。それは伝統的に立山信仰の中心地とされてきた芦峅寺、岩峅寺を起点としない、上市黒川遺跡群や大岩山日石寺から劔岳へと登拝する道だ。古き良き立山の山岳信仰を伝える道である。

ファーストクライマーの5W1Hという点を繋ぎ合わせることで、古代人と山の関係が明らかになった。山は古来、日本人が死生観を投影してきた精神的土壌であった。そこに外来の神仏を招き入れて開山し、日本を文明国にすることが平安朝廷の国策であった。その担い手は日本全土の奥深い霊山を開いた山伏であった。彼らは古代日本を開拓した探検家たちであった。

その存在は近代化を国策とする明治政府が進めた国土の測量を担った柴崎隊と重なる。わたしは明治期と平安期の探検家の見えない接点を探り当て、劔岳山頂で柴崎芳太郎が平安期の仏具を見つけたのは偶然ではなく、必然であったことを知った。柴崎芳太郎と松室法橋には『劒岳・点の記』で描かれた初登頂レースにおける敗者勝者の関係はなく、時代を超えて会うべくして出会った命運というものがあったのだ。

四年にわたる探検によりわたしがたどり着いたのは、剱岳ファーストクライマーの正体や古道ばかりか、時空を超えた二人の探検家を繋ぐ見えない運命の糸であった。それこそが新田次郎が知らなかった「剱岳——線の記」なのである。

柴崎芳太郎と松室法橋はその後どうなったのか。

柴崎は剱岳測量の翌年にはもう福島や新潟へ赴き、三角測量を行っている。東北、北海道などを点々とし、晩年には台湾で活躍した。病気で退職する一九三三(昭和八)年まで休むことなく測量に従事した。肺炎で死去するのは一九三八(昭和一三)年のことだ。享年六十四。

三角点という国土に散らばる点を測量し続けた彼は、情熱と信念を貫く人生を送った。

松室法橋は剱岳を開山した数年後の一一四七(久安三)年に謎の死を遂げる。『越中富山　山野川湊の中世史』の著者、久保尚文氏は現存する古資料から摂関家との間のトラブルによる私裁と分析している。彼と堀江荘は深い沈黙の底に没してしまうのだ。

柴崎芳太郎や松室法橋のその後を追うと微かながら「剱岳——線の記」の後日談が仄《ほの》見《み》える。

剱岳の古道を探し求めるうち、わたしは山中奥深くへと通じていく道の意味を問うようになった。

「日本の山岳交通路としての修験道の峰入り道に関する研究」長野覺(『駒沢地理　第二十二号』所収一九八六年)には次のような指摘がある。

大日如来を中心とする仏菩薩の曼荼羅を山岳に展開する。

山伏たちは広大な山地をマンダラと見ていた。マンダラとは密教徒が用いる図像で、宇宙の本質を表現したものだ。

山岳信仰の中心地である大峰山系（奈良県から和歌山県）では南の熊野側半分を胎蔵界マンダラ、北の吉野側半分を金剛界マンダラとし、二つのマンダラ世界を約八十キロメートルもの大峯《おおみね》奥駈道《おくがけみち》が繫いでいる。天台系の山伏が熊野を起点に吉野へ（順峯）進んだのに対し、真言系の行者は吉野から熊野へ（逆峯）と向かった。

立山連峰にも大日如来とみなされる大日岳がある。大峰山系と同じような世界があったとするなら、大日岳こそ立山山岳マンダラの中心地だ。

マンダラが立体的に配置されたことで知られる京都の東寺では、大日如来の隣に不動明王が並ぶ。その配置は立山連峰の大日岳と剱岳の並びと重なる。

『古代山岳信仰の史的考察』（高瀬重雄　角川書店　一九六九年）には立山に関する次のような記述がある。

天台系の修験者が、多く岩峅・芦峅から材木坂を登って弥陀が原に出るコースを取ったのに対して、真言系の修験者は、多く大岩山日石寺から折戸《おりと》の立山社を経て馬場島に出、そこから剣岳や大日岳をめざすコースを選んだのではないか

室堂を開いたのは天台座主の康済であったし、黒川を拠点とした真興上人は興福寺で法相宗を学び、さらに真言密教を修めた。大岩にある日石寺は真言宗の寺だ。芦峅寺と岩峅寺の巡礼道を天台系、黒川、大岩の道を真言系とみなすことは可能だろう。『地獄の思想　日本精神の一系譜』（梅原猛　中央公論社　一九六七年）は天台の特徴を人間の苦悩を内省する哲学として地獄の思想と呼び、真言の特徴を生命賛美の哲学と捉え、生命の思想と喝破する。

室堂を開き、立山地獄を霊場としたのは天台であり、標高約二五〇〇メートルの森林限界まで水や木草など生命に満ち溢れた早月尾根を拠点としたのは真言であった。

立山には大峯奥駈道を凌駕するような山岳古道と山岳マンダラがあったことさえ窺わせる。立山信仰は本来、実に壮大なスケールで展開していた。室堂だけでは説明もできず完結もしない。それはいわば二つの翼の片翼にすぎない。立山信仰とは、上市黒川遺跡群や大岩の日石寺をもう一方の片翼に持つ白鷹なのだ。

いや、山岳信仰の担い手は天台と真言だけではない。十二世紀に剱岳を開山したのは法相宗を教義とする興福寺の松室法橋だった。興福寺松室院と剱岳や麓の地域との関わりは十世紀の真興

上人から連綿と続く。忘れ去られた法相宗の山伏の活躍こそが、立山信仰に大きな足跡を残したのだ。

複数の点から線を描けるように、線と線が繋がれば面となる。山中に秘められている古道が結び合わさるとき、見えてくるのは失われた立山の山岳マンダラなのだ。

そこに剱岳の知られざるもうひとつの「面の記」があるはずだ。

線から面へ。山の奥深い世界はまだ続いている。

これまでわたしは古代日本人と剱岳、日本人と山の本質的な関係を探ってきた。だが、現代のわれわれはどうだろう。別に神仏に会うために山に登っているわけではない。

思い返せば剱岳に登るわたしの心中には、早月尾根登山口に立つ石碑に刻まれた「試練と憧れ」という一言があった。

松室法橋や万歳氏しかり、柴崎隊しかり。いや、このわたしですらわずか四年の追跡行すべてが濃密な試練と憧れで満たされていた。

剱岳は過酷な土地であっても地獄ではありえない。人々に試練と憧れを与え、新しい生命を吹き込む。

山はどんな時代も、日本人に無上の幸福を与えてくれる。

やはり今も、神はいるのだろう。

剱岳への憧れが、また大きく膨らんだ。

謝辞

わたしの劒岳探検は「秋田つながり」という不思議な見えない力に支えられてきた。本書が形になったのも、朝日新聞秋田総局に在籍された記者の斎藤茂洋さんや緒方麦さんとの出会いがきっかけだった。なぜ秋田なのか――。その答えを知る術はないが、わたしは柴崎芳太郎が劒岳登頂後に羽後（秋田県）の測量担当として管内に三等三角点を多数設置していたことを知り、見えない力は彼の導きと悟った。

地元の歴史について米原寛氏と久保尚文氏より史料からの新視点を、日本山岳修験学会理事でもある時枝務氏と山本義孝氏からは山岳信仰研究の奥深さと可能性を教えていただいた。

ミレー・マウンテン・グループ・ジャパン株式会社の櫻井久男さん、林勲さんからは道なき道から劒岳に登る試みにパートナーとしてご助力いただいた。

また暮らしの中に劒岳、立山がある富山県の方々からご理解をいただき、多くのアドバイスやご教示をもらえたことは幸せであり、何より励みになった。

本書の出版にご尽力いただいた朝日新聞出版一般書編集長の増渕有さんと、的確できめ細やかな編集作業を進めていただいた松岡知子さんに心よりお礼申し上げます。

最後に劒岳に向かうわたしを笑顔で送り出してくれた妻のともみと娘のちとせにも感謝したい。

剱岳プロジェクトにとって本書刊行はゴールではなく、新たなスタートだ。
次に仰ぎ見る剱岳はどんな表情をしているのだろう。

2020年　5月　秋田にて

高橋大輔

参考資料

池上洵一編『今昔物語集　本朝部（上）〔全四冊〕』（岩波書店　二〇〇一年）
石原與作編『白萩小史』（白萩中学校　一九五五年）
五十嶋一晃「劔岳をめぐる謎や疑問を追う」（『山岳 第百三年』所収　日本山岳会　二〇〇八年）
ウィンパー『アルプス登攀記（上）〔全二冊〕』（浦松佐美太郎訳　岩波書店　一九三六年）
午山生「越中劍岳先登記」（『日本登山記録大成第七巻劒岳Ｉ』所収　同朋舎出版　一九八三年）
梅原猛『地獄の思想　日本精神の一系譜』（中央公論社　一九六七年）
追塩千尋「子島寺真興の宗教的環境──摂関期南都系仏教の動向に関する一考察──」（『佛教史學研究第三十四巻第二号』所収　佛教史學會　一九九一年）
大場磐雄『祭祀遺跡──神道考古学の基礎的研究──』（角川書店　一九七〇年）
大和久震平「古式の錫杖」（『山岳修験　第五号』所収　山岳修験学会　一九八九年）
大和久震平『古代山岳信仰遺跡の研究──日光山地を中心とする山頂遺跡の一考察──』（名著出版　一九九〇年）
垣内光次郎「白山の山頂遺跡と山岳修験」（『白山市 白山山頂遺跡』所収　石川県教育委員会　二〇〇六年）
上市町教育委員会『富山県上市町黒川上山古墳群発掘調査第七次調査概報　円念寺山遺跡』（上市町教育委員会　二〇〇二年）

瓦山人「越中剱山の探撿」（『風俗画報　三百五十号』所収　一九〇六年）
元興寺文化財研究所『富山県剣岳山頂発見　錫杖頭の蛍光X線分析調査報告書』（二〇〇八年）
冠松次郎『劔岳』（第一書房　一九二九年）
喜田川清香編『日光男体山――山頂遺跡発掘調査報告書――』（名著出版　一九九一年）
北日本新聞社編『立山とガイドたち――秘められた近代登山記録――』（北日本新聞社　一九七三年）
久保尚文『越中富山　山野川湊の中世史』（桂書房　二〇〇八年）
久保尚文「立山開山と佐伯氏の祈願――越中地域史研究の原点⑦――」（『富山史壇　第一六八号』所収　越中史壇会　二〇一二年）
久保田展弘「開山」（『別冊太陽 No.103 Autumn 1998』所収　平凡社　一九九八年）
光宗『溪嵐拾葉集』（『神道大系　論説編四　天台神道（下）』所収　神道大系編纂会編　一九九三年）
公立大学法人国際教養大学地域環境研究センター「川原大神楽」（「文化庁地域伝統文化総合活性化事業秋田民俗芸能アーカイブス」サイト内）http://www.akita-minzoku-geino.jp/archives/2880
国土交通省国土地理院北陸地方測量部編集・発行『劔岳測量100年　100年の想い　時空を超えて』（二〇〇八年）
国土地理院調査・編集「劔岳測量100年記念　1:30,000　山岳集成図　劔・立山」（日本地図センター　二〇〇七年）
近藤信行「小島烏水のこと――山岳会創立と劒岳の登場」（『もうひとつの劒岳点の記』所収　山と溪谷社　二〇〇九年）

佐伯郁夫他『新・分県登山ガイド一七　改訂版　富山県の山』（山と溪谷社　二〇一〇年）
佐伯邦夫「剱岳地名大辞典」（『立山カルデラ砂防博物館研究紀要　第十三号』所収　立山カルデラ砂防博物館　二〇一二年）
佐伯邦夫「劒岳頂上の錫杖頭の周辺」（『郷土の文化　二十五輯』所収　富山県郷土史会　二〇〇〇年）
佐伯邦夫『剱岳をどう登るか』（北国出版社　一九七六年）
佐佐木信綱編『新訓万葉集　下巻〔全二冊〕』（岩波書店　一九二七年）
白川静『常用字解［第二版］』（平凡社　二〇一二年）
新上市町誌編纂委員会編『新上市町誌』（上市町　二〇〇五年）
末木文美士『日本仏教史　思想史としてのアプローチ』（新潮社　一九九二年）
スピリ、ヨハンナ『アルプスの山の娘』（野上彌生子訳　岩波書店　一九三四年）
瀬川拓郎『アイヌ学入門』（講談社　二〇一五年）
高瀬重雄『古代山岳信仰の史的考察』（角川書店　一九六九年）
高瀬重雄監修『伝説とやま』（北日本放送株式会社　一九七一年）
高頭式「日本アルプスと其登路に就きて」（『山岳　第一年三號』所収　日本山岳會　一九〇六年）
高橋健自「古式の錫杖」（『考古学雑誌　一巻七号』所収　日本考古学会編　一九一一年）
立山町教育委員会『芦峅寺室堂遺跡　立山町文化財調査報告書第十八冊』（一九九四年）
立山町史蹟調査会『立山文化遺跡調査第一編（昭和三六年度）』（一九六一年）
田中義恭「大岩日石寺磨崖仏」（『MUSEUM　No.298　一月号　東京国立博物館美術誌』所収　一九七六

年）
東京国立博物館『特別陳列　笈と錫杖』（昭和五五年一月四日〜三月二日　本館特別第三室　一九八〇年）
時枝務『山岳霊場の考古学的研究』（雄山閣　二〇一八年）
時枝務『修験道の考古学的研究』（雄山閣　二〇〇五年）
富山県教育委員会編『立山文化遺跡調査報告書』（富山県教育委員会　一九七〇年）
富山県教育委員会編『富山県歴史の道調査報告書――立山道――』（富山県教育委員会　一九八一年）
富山県高等学校体育保健学会「1967－（11th）8・18－8・22全国高等学校登山大会地図（立山・剱岳・薬師岳）」（一九六七年）
富山県［立山博物館］『富山県［立山博物館］北陸新幹線開業記念　立山の至宝展』（二〇一五年）
富山県埋蔵文化財センター『立山・黒部山岳遺跡調査報告書』（二〇一六年）
長野覺「日本の山岳交通路としての修験道の峰入り道に関する研究」（『駒沢地理　第二十二号』所収　一九八六年）
新田次郎『劒岳・点の記』（文藝春秋　一九七七年）
橋本廣他編『富山県山名録』（桂書房　二〇〇一年）
日置英剛『僧兵の歴史』（戎光祥出版　二〇〇三年）
平井聖他編『日本城郭大系　第十巻　三重・奈良・和歌山』（新人物往来社　一九八〇年）
廣瀬誠『立山黒部奥山の歴史と伝承』（桂書房　一九八四年）

廣瀬誠『立山のいぶき――万葉集から近代登山事始めまで』（シー・エー・ピー　一九九二年）
廣瀬誠他『山と信仰　立山』（佼成出版社　一九九五年）
福江充「霊場の形成と御師の活動――越中立山に見る加賀藩と立山衆徒」（『シリーズ日本人と宗教――近世から近代へ　第四巻　勧進・参詣・祝祭』所収　春秋社　二〇一五年）
松浦正昭「立山信仰と大岩日石寺磨崖仏」（『富山大学地域連携プロジェクト　富山大学人文学部日本海総合研究プロジェクト　平成一八年度公開講演会「北から登る立山信仰――上市黒川遺跡群と大岩日石寺磨崖仏――」』所収　二〇〇六年）
松村寿「剣岳先踏前後2――陸地測量部員の登攀――」（『山書研究　七号』所収　日本山書の会　一九六六年）
水澤幸一「古式錫杖考――日光男体山山頂遺跡出土錫杖の位置付けをめぐって――」（『経塚考古学論攷』所収　岩田書院　二〇一一年）
宮家準『霊山と日本人』（講談社　二〇一六年）
宮坂宥勝編『不動信仰事典』（戎光祥出版　二〇〇六年）
宮田登編『日本伝説大系第五巻南関東編』（みずうみ書房　一九八六年）
森岡浩『日本名字家系大事典』（東京堂出版　二〇〇二年）
レビュファ『星と嵐』（近藤等訳　集英社　一九九二年）
山田明「『劒岳　点の記』をよりよく理解するための解説　柴崎測量官が劔岳に登った日」（『測量　八月号』所収　日本測量協会　二〇〇八年）

大和高田市史編纂委員会『改訂　大和高田市史　前編』（大和高田市役所　一九八四年）
山本義孝『平成二十一・二十二年度　富山県［立山博物館］調査研究報告書　立山における山岳信仰遺跡の研究』（富山県［立山博物館］　二〇一一年）
米原寛「『剱岳信仰』をめぐる若干の考察」（『富山県［立山博物館］研究紀要　第十五号』所収　富山県［立山博物館］　二〇〇八年）

※クレジットの記載のない地図は、すべて国土地理院地図に地名やルート等を追記して掲載。
※引用資料は、読みやすさを考慮して正字を新字に、旧かなを新かなに変えるなどして掲載。（一部、誤記の修正含む）

高橋大輔（たかはし だいすけ） 探検家
1966年秋田市生まれ。「物語を旅する」をテーマに世界各地に伝わる神話、伝説などの伝承地にフィクションとノン・フィクションの接点を求めて旅と著作を重ねる。2005年ナショナル ジオグラフィック協会（米国）から支援を受けた国際探検隊を率い、実在したロビンソン・クルーソーの住居跡を発見。著書に『ロビンソン・クルーソーを探して』（新潮社）『浦島太郎はどこへ行ったのか』（新潮社）『漂流の島』（草思社）など。「クレイジージャーニー」（TBS）「剱岳の謎に挑む」（NHKオンデマンドで配信中）ほかTV出演も多数。

剱岳《つるぎだけ》 線《せん》の記《き》
平安時代の初登頂ミステリーに挑む

2020年8月30日　第1刷発行
2020年12月20日　第4刷発行

著　者　　高橋大輔
発行者　　三宮博信
発行所　　朝日新聞出版
　　　　　〒104-8011　東京都中央区築地5-3-2
　　　　　電話　03-5541-8832（編集）
　　　　　　　　03-5540-7793（販売）
印刷所　　共同印刷株式会社

Published in Japan by Asahi Shimbun Publications Inc.
ISBN 978-4-02-251697-8